HANS-FRIEDRICH LANGE

Die verwaltungsrechtliche Verjährung

Schriften zum Öffentlichen Recht

Band 469

Die verwaltungsrechtliche Verjährung

Begriff und Zweck, Wirkung sowie prozessuale Behandlung

Von

Dr. Hans-Friedrich Lange

DUNCKER & HUMBLOT / BERLIN

CIP-Kurztitelaufnahme der Deutschen Bibliothek

Lange, Hans-Friedrich:
Die verwaltungsrechtliche Verjährung: Begriff
u. Zweck, Wirkung sowie prozessuale Behandlung /
von Hans-Friedrich Lange. — Berlin:
Duncker und Humblot, 1984.
　(Schriften zum Öffentlichen Recht; Bd. 469)
　ISBN 3-428-05632-9
NE: GT

D 6

Vorwort

Eine Abhandlung, deren Gegenstand die verwaltungsrechtliche Verjährung ist, betrifft zwangsläufig das Verhältnis von Recht und Zeit und damit einen Ausschnitt der Problematik, die sich hinter den Worten Recht und Zeit verbirgt, wird doch mit dem nicht nur dem geschulten Juristen bekannten, sondern allgemeingeläufigen Begriff der Verjährung der Tatbestand umschrieben, daß das Recht dem bloßen Ablauf von Zeit Rechtserheblichkeit beilegt.

Damit versteht das Recht in Gestalt der Verjährung die Zeit, also die vom menschlichen Bewußtsein innerlich wahrgenommene Form der Veränderung in der Welt, die in den Dimensionen Vergangenheit, Gegenwart und Zukunft erfahren wird, nicht im Sinne der in der älteren Philosophie herrschenden und von der damaligen Rechtslehre stillschweigend anerkannten Auffassung, daß die Zeit über die Dinge hinflösse, ohne ihnen die leiseste Spur aufzudrücken. Daß die Tatsache des Zeitablaufs allein rechtliche Wirkungen hervorzubringen vermag, ist freilich auch im heutigen Recht nicht die Regel.

Geht man von der Unterscheidung von objektiver und geschichtlicher Zeit aus, wonach die objektive Zeit mit Maßstäben wie Jahr und Monat gemessen wird, die das, was jeweils in der Zeit ist, außer Betracht lassen, während die geschichtliche Zeit als eine von menschlichen Inhalten, von historischen Geschehnissen erfüllte Zeit verstanden wird, so lassen sich beide Zeitbegriffe im Rahmen der Verjährung wiederfinden. Soweit es bei der Verjährung zunächst schlicht um die Frage geht, ob — als Voraussetzung der Verjährung — eine gewisse Zeitspanne verstrichen ist, steht die objektive Zeit in Rede. Soweit danach zu fragen ist, ob innerhalb dieses Zeitraums bestimmte, durch menschliches Handeln gesetzte Umstände vorliegen, die etwa im Sinne einer Hemmung oder Unterbrechung Bedeutung für die Verjährung haben können, ist die geschichtliche Zeit angesprochen.

Aber noch in weiterer Hinsicht sieht sich die vorliegende Abhandlung mit dem Thema Recht und Zeit konfrontiert.

Die Verjährung ist ein der Rechtspraxis und der Rechtswissenschaft seit langem geläufiges Rechtsinstitut. Rechtsfragen der Verjährung gelten vielfach als in der Vergangenheit abschließend ausgetragen; über grundsätzliche Positionen der Verjährung scheint nach wie vor eine stabile oder zumindest gleichlautend wiederholte Übereinstimmung zu bestehen. Eine Auffassung, die hiervon ausgehend folgerte, eine wissenschaftliche Untersuchung der Verjährung als eines seit langer Zeit bekannten Rechtsinstituts verspreche keinen Ertrag, vernachlässigte indessen zu Unrecht die Wirkung des Zeitablaufs auf das Recht. Denn der Zeitablauf wirkt nicht nur auf die Rechtsordnung insgesamt — die nicht von jeher und für alle Zeiten gilt, sondern endet, wenn die Mitglieder der Rechtsgemeinschaft sich zu ihr nicht mehr bekennen —, sondern auch auf einzelne Rechtsinstitute, die wie die Verjährung gesetzlich normiert sind. Die einzelne Rechtsnorm ist nämlich unmittelbar verbunden mit einer konkreten geschichtlichen Situation, die das Tun des Gesetzgebers als Rechtsschöpfer motiviert und leitet. Gesetze werden geschaffen mit der Intention, zu der Lösung eines konkreten Problems, das dann und dort in der sozialen Wirklichkeit aufgetreten ist, einen Beitrag zu leisten. Dieses Problem hat der Gesetzgeber in einer bestimmten Weise gesehen. Er hat zu ihm, indem er die Norm schuf, in einer bestimmten Weise Stellung genommen, die von seiner Problemsicht geprägt ist.

Hiervon ausgehend stellt sich gerade bei überkommenen Rechtsinstituten wie dem der Verjährung der Rechtswissenschaft die Frage, ob die Umstände, die einer vor längerer Zeit geschaffenen Rechtsnorm zugrunde liegen, sich unter dem Einfluß der Zeit verändert haben und welche rechtlichen Auswirkungen dies hat. Das Festhalten an alten Begriffen und an Vorstellungen alter Gesetze vermittelt zwar den Eindruck der Objektivität, weswegen oft die Forderung erhoben wird, von einer überkommenen Betrachtungsweise nicht abzugehen, es bedingt jedoch die Gefahr, juristische Teilwahrheiten für die vollen Erkenntnisse zu halten.

Die dargelegte Problematik stellt sich aber nicht nur der Rechtswissenschaft, sondern auch dem Richter.

Begreift man die Tätigkeit der Gerichte im Bereich der Rechtsprechung als praktisches Handeln, das erfahrungsgemäß sehr weitgehend in Erscheinung tritt in Gestalt juristischer Entscheidungen, die Ergebnis der Anwendung von in der Vergangenheit beschlossener Rechtsnormen sind, und geht man weiter davon aus, daß diese Rechtsnormen die ihnen innewohnende normative Kraft entfalten, indem sie zu konkreter Anwendung gelangen, so liegt auf der Hand, daß der die Rechtsnormen anwendende Richter bei der Gesetzesauslegung den Zeitfaktor in der Weise berücksichtigen muß, daß genau untersucht wird, welche Wertvorstellungen den Gesetzgeber ursprünglich geleitet haben. Ein solches Vorgehen, das ausgehend von theoretischen Einsichten in Struktur und Funktion des positiven Rechts sowie in das Zusammenspiel von Rechtgebung und Rechtsanwendung die Frage nach den bei Erlaß einer Rechtsnorm als rechtlich bedeutsamen bzw. unbedeutsam angesehenen Umständen stellt, um so ermitteln zu können, ob diese im Laufe der Zeit durch andere Rechtsnormen oder durch sonstige Veränderungen der sozialen Gegebenheiten ihre rechtliche Bedeutung verloren oder geändert haben, kann den Richter vor einer Erstarrung im Rationalismus bewahren, der den Anschluß an die Wirklichkeiten der Gegenwart verpassen läßt. Ohne daß in diesem Zusammenhang näher auf die zahlreichen offenen Fragen im Bereich der juristischen Methodenlehre dogmatischer Rechtswissenschaft einzugehen ist, läßt sich die Feststellung treffen, daß nur die Berücksichtigung der genannten Umstände im Rahmen der Entscheidungsfindung gewährleistet, daß der Richter der ihm anvertrauten Aufgabe gerecht wird, Recht zu sprechen, nämlich mit autoritativer Kraft auszusagen, welches die Rechtsfolgen sind, die sich an einen gegebenen Tatbestand knüpfen, den der Gesetzgeber in der Vergangenheit bewertet hat.

Hans-Friedrich Lange

Inhaltsverzeichnis

DRITTER TEIL

Der richterliche Hinweis
auf die verwaltungsrechtliche Verjährung

§ 1

Einführung

I. Das Verwaltungsrecht kennt ebenso wie das Privatrecht eine Verjährung. Dies zeigen zahlreiche Bestimmungen der verschiedensten Verwaltungsgesetze. Zudem wird von Lehre und Praxis mehr und mehr anerkannt, daß der Verjährung im Verwaltungsrecht auch ohne solche besondere gesetzliche Anordnung Raum zu geben ist[1].

1. In der verwaltungsgerichtlichen Praxis stellen sich Rechtsfragen der verwaltungsrechtlichen Verjährung immer wieder[2]. Häufig ist dann etwa zu klären, ob ein geltend gemachter verwaltungsrechtlicher Anspruch einer Verjährung unterliegt, welche Frist dafür gilt sowie, welche Wirkung die öffentlich-rechtliche Verjährung hat, ob sie dem Inanspruchgenommenen nur eine Einrede gibt oder durch das Gericht von Amts wegen zu berücksichtigen ist[3].

Dabei bereitet die Rechtsfindung oftmals nicht unerhebliche Schwierigkeiten. Denn in den einzelnen Gesetzen, die öffentlich-rechtliche Ansprüche vorsehen, finden sich nur ausnahmsweise Regelungen über deren Verjährung[4]. Auch das Verwaltungsverfahrensgesetz[5] beantwortet die erwähnten Rechtsfragen nicht. Es regelt mit der Unterbrechung der Verjährung durch Verwaltungsakt (§ 53 VwVfG) nämlich lediglich ein Spezialproblem.

Daraus, „daß für das Gebiet des öffentlichen Rechts keine umfassende selbständige Ordnung vorhanden ist, wie sie das Bürgerliche Gesetzbuch enthält, sondern daß nur in den einzelnen Gesetzen Regelungen bestehen, die zumeist aber sehr dürftig sind" und daß es ferner „auf öffentlich-rechtlichem Gebiet viele Gesetze (gibt), die über die Verjährung der in ihnen begründeten Ansprüche überhaupt nichts enthalten", ergibt sich die „besondere Problematik der Verjährung im öf-

---

[1] *Schack*, BB 1954, 1037; *Koschnick*, S. 52 ff.; *Maas*, S. 55 ff.; *Zweifel*, S. 9 ff.; *Erichsen / Martens*, S. 157; *Spiro*, S. 1573.
[2] *Redeker*, NVwZ 1982, 1 (2), hält die Verjährung für eine Grundfrage des Verwaltungsrechts mit alltäglicher Bedeutung.
[3] *Kopp*, § 53 VwVfG, Rdnr. 4; *Knack*, vor § 53 VwVfG, Rdnr. 3.
[4] *Spiro*, S. 1573.
[5] Vom 25. Mai 1975 (BGBl. I 1253).

fentlichen Recht"[6]. Im Bereich des verwaltungsrechtlichen Verjährungsrechts besteht ein „wenig klarer und viele Fragen offen lassender Rechtszustand"[7].

Damit ist das verwaltungsrechtliche Verjährungsrecht typisch für das Verwaltungsrecht schlechthin. Während das bürgerliche Recht und das Strafrecht eine kodifikatorische, wenn auch nicht abgeschlossene, so doch systematische und das Wesentliche normativ zum Ausdruck bringende Regelung gefunden haben, stellt sich das Verwaltungsrecht in einer Vielzahl von Rechtssätzen dar, die sich inhaltlich zudem noch als vielfach unvollständig erweisen[8].

Der Meinung[9], die hierin ein Symptom mangelnder Ausreifung im Vergleich zu den älteren Zweigen der Rechtswissenschaft oder einen sonstigen Mangel sieht, ist aber nicht zu folgen. *Forsthoff*[10] betont zu Recht, daß der angebliche Mangel der normativen Form des Verwaltungsrechts unmittelbar und notwendig mit der Funktion der Verwaltung gegeben ist; im übrigen liege eben darin ein Reiz des Verwaltungsrechts als wissenschaftlicher Gegenstand, daß die Rechtsfindung und Rechtsanwendung eine außerordentlich reiche Skala der logischen Möglichkeiten zu beherrschen habe[11].

Die Konfrontation mit ergänzungsbedürftigen Gesetzen und völligen Rechtslücken im Rahmen der verwaltungsrechtlichen Verjährung ist zwar ein typischer Befund für das Verwaltungsrecht[12], aber doch keine spezifisch verwaltungsrechtliche Erscheinung. Vielmehr handelt es sich dabei „um ein existentielles Problem der gesamten Rechtsordnung, genauer gesagt, der Rechtswissenschaft"[13]. Für alle Bereiche der Rechtsordnung hat sich nämlich inzwischen die Erkenntnis durchgesetzt, daß jede vom Menschen stammende Gesetzesordnung unvollständig ist, und daß auch sorgfältig durchdachte und abgewogene Kodifikationen ebensoviele Lücken und Probleme wie legislative Entscheidungen enthalten. Aus diesem Faktum resultiert die Problematik des Richterrechts[14] mit

---

[6] So zutreffend *Schack*, BB 1954, 1037 (1038 f.); vgl. auch BSGE 19, 88 (90); OVG Münster, OVGE 21, 247 (248 f.); OVG Münster, NJW 1971, 1330.

[7] *Schack*, BB 1954, 1037 (1039).

[8] *Simons*, S. 85; *Schack*, BB 1954, 1037 (1039); *Krawietz*, S. 59 f.

[9] Vgl. *Forsthoff*, S. 161: „weit verbreitete Auffassung".

[10] S. 161 ff.; deutlicher in der 8. Auflage, S. 149 ff.

[11] Vgl. auch den Hinweis von *Reuß*, in: Festgabe Bundesverwaltungsgericht, S. 527 (529), in der Zeit des Wirkens des Preußischen Oberverwaltungsgerichts (1875 - 1941) habe es im Hinblick auf das lückenhafte positiv-rechtliche „Normengeflecht" im Verwaltungsrecht für den Richter „doppelt" gegolten, „aus dem Urgestein der Lebenssachverhalte selbst und des ihnen immanenten ungeschriebenen Rechts die latent geltenden Normen erst herauszuschlagen".

[12] *Forsthoff*, S. 167; *Schack*, BB 1954, 1037 (1039).

[13] Hierzu und zum Folgenden: *Ossenbühl*, in: *Erichsen / Martens*, S. 106 ff.

den Fragen nach der Methodik der rechtswissenschaftlichen Erkenntnis und der Wissenschaftlichkeit der Jurisprudenz schlechthin sowie grundlegenden verfassungsrechtlichen Themen wie Gewaltenteilung und Funktionenlehre.

Eine Vertiefung dieser Problematik erscheint hier aber mit Blick auf die Rechtspraxis entbehrlich. Die Schließung von Gesetzeslücken ist nämlich eine herkömmliche und häufig zu bewältigende richterliche Aufgabe; Existenz und Legitimität dieser Lückenschließung durch Richterrecht werden in der Rechtsprechung nicht in Zweifel gezogen und auch von der Rechtslehre anerkannt[15].

2. Die Rechtsfragen, die sich aufgrund der vorhandenen Gesetzeslücken im Rahmen der verwaltungsrechtlichen Verjährung stellen, sind zum großen Teil von den Gegebenheiten des konkreten Sachverhalts abhängig. So entscheidet sich nach dem jeweils eingeklagten verwaltungsrechtlichen Anspruch, ob dieser überhaupt der Verjährung unterliegt[16] und wenn ja, welche Verjährungsfrist gilt[17]. Nach den Besonderheiten des jeweiligen Sachverhalts beurteilt sich ferner, ob sich die Frage der Hemmung[18] oder Unterbrechung[19] der Verjährung stellt und ob der Verjährung möglicherweise der Grundsatz von Treu und Glauben entgegensteht[20].

Dagegen ist die Frage, ob die verwaltungsrechtliche Verjährung vom Verpflichteten geltend zu machen oder durch das Gericht von Amts wegen zu berücksichtigen ist, eine Rechtsfrage, deren Beantwortung sich nicht danach richtet, welche Besonderheiten der konkret zur Entscheidung anstehende Sachverhalt aufweist. Ihr nachzugehen verspricht deshalb Erkenntnisse allgemeingültiger Art. Deshalb, aber noch aus einem anderen Grund soll die Frage, ob es zum Eintritt der Verjährungswirkung erforderlich ist, daß der Verpflichtete sich auf die verwaltungsrechtliche Verjährung beruft, Gegenstand der vorliegenden Untersuchung sein. Die Beantwortung dieser Frage ist nämlich nicht

---

[14] Vgl. *Larenz*, Methodenlehre, S. 351 ff.; *Redeker*, NJW 1972, 409 ff.; *Wank*, S. 1 ff.; *Menger*, VerwArch. 65 (1974), 195 ff.

[15] Vgl. etwa BVerfGE 3, 225 (231); BVerwGE 45, 85 (87 ff.); 57, 183 (184 ff.); OVG Koblenz, NJW 1973, 1341 (1342); *Enneccerus / Nipperdey*, S. 339 ff.; *Bull*, S. 164; *Redeker*, NJW 1972, 409 (415); zahlreiche weitere Nachweise bei *Ossenbühl*, in: Erichsen / Martens, S. 108 f.

[16] Vgl. etwa BVerwGE 28, 336 (337 ff.); BVerwG, NJW 1977, 823 f.

[17] Z. B. BVerwG, DÖV 1983, 897 f.; OVG Münster, NJW 1971, 1330 f.; OVG Münster, DÖV 1972, 174 f.; OVG Rheinland-Pfalz, DÖD 1982, 45 (46).

[18] BVerwG, NJW 1977, 823 (824); OVG Münster, OVGE 21, 247 (250).

[19] BVerwGE 57, 306 ff.; Hess. VGH, ZBR 1975, 391.

[20] Vgl. dazu: BVerwGE 23, 166 (169 ff.); 42, 353 (356 f.); BVerwG, NVwZ 1983, 740 f.; BSGE 43, 227 (232 f.); BSG, DVBl. 1972, 546 ff.; OVG Münster, RiA 1974, 127 (129); VG Schleswig, MDR 1969, 958.

etwa allein von theoretischem, dogmatischem Interesse, sondern kann erhebliche Bedeutung in der Praxis haben: Im Prozeß steht der Richter nicht selten vor der Situation, daß der eingeklagte Anspruch offensichtlich oder doch möglicherweise verjährt ist, der Beklagte (Schuldner) sich jedoch nicht — auch nicht andeutungsweise oder laienhaft — auf die Verjährung berufen hat[21]. Grund für dieses Verhalten des Schuldners kann entweder sein, daß er die Verjährung übersehen hat, oder daß er die Verjährung nicht geltend machen möchte[22]. Da hier der Richter nach wohl herrschender Meinung[23] nicht auf die (mögliche) Verjährung hinweisen oder gar die Berufung auf die Verjährung anregen darf, ist der Verjährung, wenn sie geltend gemacht werden muß, um wirksam zu werden, nicht weiter nachzugehen. Wäre dagegen die Berufung des Schuldners auf die Verjährung nicht erforderlich, sondern die Verjährung vom Richter in jedem Fall (von Amts wegen) zu berücksichtigen, so müßte entweder die Klage ohne weiteres abgewiesen werden oder es müßten weitere Fragen geklärt werden, etwa ob eine Hemmung oder Unterbrechung der Verjährung eingetreten ist oder ob der Verjährung der Grundsatz von Treu und Glauben entgegensteht[24]. Die Frage nach der Wirkung der Verjährung bedeutet somit oftmals eine — möglicherweise streitentscheidende — Weichenstellung für die weitere gerichtliche Prüfung.

II. Die Untersuchung der dargelegten Frage umfaßt in ihrem ersten Teil als Grundlegung eine Darstellung von Begriff und Zweck der verwaltungsrechtlichen Verjährung. Dabei wird immer wieder ein „Blick über den Zaun" auf die Rechtslage im Bürgerlichen Recht geworfen. Dies soll die Darstellung und das Verständnis erleichtern.

Im Anschluß daran wird im zweiten Teil der Untersuchung der Frage nachgegangen, ob die verwaltungsrechtliche Verjährung von Amts wegen oder nur dann zu berücksichtigen ist, wenn sie geltend gemacht wird. Zunächst wird hierbei in einem ersten Kapitel erörtert, ob sich die Frage aus dem Verwaltungsrecht selbst lösen läßt. Im Anschluß an einen Blick auf verwaltungsrechtliche Vorschriften über die Verjährungswirkung sowie auf Stellungnahmen in Rechtsprechung und Literatur zum Thema, wird untersucht, welche Bedeutung dem die Verwaltungsprozeßordnung beherrschenden Untersuchungsgrundsatz bei der Beantwortung der Frage zukommt; ferner wird geprüft, ob sich vor-

---

[21] Vgl. etwa *Koch*, NJW 1966, 1648 f.; *E. Schneider*, MDR 1977, 974 ff.; *Seelig*, S. 69.

[22] *Jahr*, JuS 1964, 293 (303).

[23] Stellungnahmen finden sich nur für den Zivilprozeß, vgl. dazu: z. B. OLG Bremen, NJW 1979, 2215; umfangreiche Nachweise bei *Prütting*, NJW 1980, 361 (364 f.); vgl. im übrigen unten, § 12 I.

[24] Vgl. zu diesen Fragen die in FN 18 - 20 angegebene Rechtsprechung.

handene Gesetzeslücken durch eine analoge Anwendung verwaltungsrechtlicher Vorschriften über die Verjährungswirkung schließen lassen.
In einem zweiten Kapitel wird sodann untersucht, ob die sich bei fehlender verwaltungsrechtlicher Regelung stellende Frage nach der Verjährungswirkung durch eine Heranziehung der bürgerlichrechtlichen
Vorschrift des § 222 Abs. 1 BGB zu beantworten ist. Dabei werden nach
der Darstellung des Regelungsgehalts dieser Vorschrift und grundsätzlichen Ausführungen zur Anwendbarkeit bürgerlichrechtlicher Vorschriften im Verwaltungsrecht die zwei hierbei denkbaren methodi-
schen Möglichkeiten — allgemeiner Rechtsgedanke sowie analoge Anwendung — im Hinblick auf § 222 Abs. 1 BGB geprüft.

Einzelne im zweiten Teil der Untersuchung gefundene Ergebnisse
können in der Prozeßpraxis zu unbefriedigenden Situationen führen.
Diese lassen sich dadurch bereinigen, daß das Gericht den Berechtigten
auf die Möglichkeit hinweist, sich auf die Verjährung zu berufen. Die
Zulässigkeit eines solchen Hinweises wird im dritten Teil der Untersuchung geprüft.

Erster Teil

Begriff und Zweck
der verwaltungsrechtlichen Verjährung

§ 2 Begriff der verwaltungsrechtlichen Verjährung

I. Das Recht bezieht sich auf Lebenssachverhalte, die ihrerseits aus Tatsachen bestehen[1]. Als Wirklichkeiten spielen sich die Tatsachen notwendig in den beiden Voraussetzungen aller Wirklichkeit ab, nämlich in Zeit und Raum. Dabei hat die Zeit gegenüber dem Raum die Eigentümlichkeit voraus, daß sie schon für sich betrachtet, allein durch ihren Ablauf Rechtsfolgen nach sich zieht[2]. Die Verjährung betrifft derartige Rechtsfolgen.

Verjähren bedeutet nach dem Wortsinn, über ein Jahr alt werden, sehr alt werden, altern[3]. Im Rechtssinne versteht man unter Verjährung den Ablauf einer bemessenen Frist[4], oder genauer, das mit einer Rechtswirkung ausgestaltete Altern eines Zustands oder Rechts[5].

Der Zeitablauf kann an sich sowohl Rechte hervorbringen als auch Rechte zum Erlöschen bringen oder doch deren Wirkung schwächen[6]. So kann sich ein Rechtserwerb dadurch vollziehen, daß ein bestehender Zustand um seiner Dauer willen nunmehr als rechtmäßig anerkannt wird oder daß eine fehlende, aber scheinbar bestehende Berechtigung durch Zeitablauf erworben wird. Auf der anderen Seite kann ein Rechtsverlust oder eine Schwächung eines Rechts mit Rücksicht darauf eintreten, weil das Recht längere Zeit nicht ausgeübt wurde[7], wobei

---

[1] *Wolff / Bachof*, S. 255.

[2] *W. Jellinek*, S. 218; *Forsthoff*, S. 193; vgl. auch *von Köhler*, Verw.Arch. 50 (1959), 213 ff. zur „Zeit als Faktor des Verwaltungsrechts" sowie *Lawson*, AcP 159 (1960/61), 97: „Die Zeit wirkt offenbar überall als ein entscheidender Faktor im Recht."

[3] So *Rutz*, AcP 101 (1907), 435 f.

[4] *Forsthoff*, S. 193.

[5] Vgl. *Rutz*, AcP 101 (1907), 435 (436).

[6] *Forsthoff*, S. 193; *Wolff / Bachof*, S. 263 ff.; *Erman / Hefermehl*, vor § 194, Rdnr. 1.

[7] *Wolff / Bachof*, S. 264; *Koschnick*, S. 5 ff.

diese Rechtswirkung entweder allein mit Vollendung des Zeitablaufs (ipso iure)[8] erfolgt oder erst dann eintritt, wenn die Vollendung des Zeitablaufs geltend gemacht wird[9]. Entsprechend dieser in zweifacher Weise denkbaren Wirkung des Zeitablaufs verstand man unter Verjährung früher, d. h. vor allem im gemeinen Recht, die Entstehung sowie die Endigung oder Entkräftung von Rechten durch fortgesetzte Ausübung oder Nichtausübung. Man unterschied folgerichtig die erwerbende und die erlöschende Verjährung (Akquisitivverjährung und Extinktivverjährung)[10].

Dabei beschränkte sich dieser weite — auch die erwerbende Verjährung umfassende — Verjährungsbegriff nicht auf das Privatrecht. Auch dem Verwaltungsrecht war die rechtserwerbende Verjährung bekannt[11].

Dies ist nicht überraschend, weil der Zeitablauf, um den es sich bei der Verjährung im weiteren Sinne handelt, seiner inneren rechtlichen Natur nach gegenüber dem Privatrecht und dem Verwaltungsrecht neutral — also weder privatrechtlich noch verwaltungsrechtlich — ist.

So bejahte das Preußische Allgemeine Landrecht die Möglichkeit des Erwerbs von Regalien durch „Verjährung". Nach § 629 I 9 ALR fand „gegen den Fiskus, die Kirchen und solche Korporationen, welchen vermöge ihrer Privilegien gleiche Rechte beigelegt sind, ... die ungewöhnliche Verjährung von vierundvierzig Jahren statt". Zu den Regalien, die auf diese Weise erworben werden konnten, rechnete das Gesetz z. B. die Nutzungen an Land- und Heerstraßen, den von Natur schiffbaren Strömen, dem Ufer des Meeres und den Häfen (§§ 21, 24, 26 ALR). Dementsprechend führte das Reichsgericht aus, das Recht zum Halten einer Badeanstalt in einem öffentlichen Fluß, bei dem es sich um die Ausübung eines an sich dem Staate vorbehaltenen Nutzungsrecht handele, könne durch fortgesetzten, redlichen Besitz erworben werden[12]. Auch der Erwerb des Rechts einer Gemeinde auf staat-

---

[8] Mit der „ipso iure"-Wirkung wird eine Rechtsfolge bezeichnet, für deren Eintritt eine entsprechende Willenserklärung nicht erforderlich ist, vgl. *Seelig*, S. 2 FN 11 (dort auch zum „ipso iure"-Begriff im römischen Recht).

[9] So schon *Kormann*, Pr. VerwBl. 33 (1911/12), S. 694 (695); vgl. auch *Wolff / Bachof*, S. 264 ff.

[10] *Staudinger / Dilcher*, Vorbem. zu § 194, Rdnr. 2; *Soergel / Augustin*, vor § 194 Rdnr. 1; *Enneccerus / Nipperdey*, S. 1398, der darauf hinweist, daß die Verjährung seinerzeit nie für alle Rechtsverhältnisse gleich gestaltet war: „Wenn auch einzelne Erscheinungen bei verschiedenen Verjährungsarten wiederkehrten, so ließ sich doch eine allgemeine Verjährungslehre nicht aufstellen."

[11] *Forsthoff*, S. 193; *W. Jellinek*, S. 221 f.

[12] RG Gruch 55 (1911), S. 1153 ff.

liche Zuschüsse für Schulzwecke war nach dem ALR in dieser Weise möglich[13].

Als gemeinsamer Grundgedanke des Verjährungsbegriffs in jener Allgemeinheit, der die erwerbende und die erlöschende Verjährung umfaßt, ist nach den Motiven zum BGB anzusehen, „daß gewisse tatsächliche Zustände, welche längere Zeit hindurch unangefochten bestanden haben, im Interesse des Rechtsfriedens und der Rechtssicherheit als zu Recht bestehend anerkannt werden"[14].

II. Das BGB erkennt die Verjährung nicht in der gleichen Ausdehnung an wie das gemeine Recht. Es beschränkt den Verjährungsbegriff in seinen Verjährungsvorschriften (§§ 194 bis 225) auf die erlöschende Verjährung, während es die erwerbende als selbständiges Rechtsinstitut getrennt davon als „Ersitzung" (§§ 900, 937 - 945, 1033, 2026) geregelt hat.

Hierzu heißt es in den Motiven: „Entgegen der in die Gesetze zum Teil übergegangenen früheren gemeinrechtlichen Theorie, welche die Institute der Ersitzung (usucapio), des Erlöschens von Rechten an Sachen durch Nichtgebrauch (non usus) und des Unterganges der Klagen oder Ansprüche infolge von Nichtausübung (sog. praescriptio actionum) unter den Gattungsbegriff Verjährung zusammenfaßte und für den letzteren allgemeine Grundsätze aufstellte, wird im Entwurf streng zwischen Ersitzung (§§ 881 - 889) und Anspruchsverjährung (§§ 154 - 185) geschieden, während das Erlöschen von Rechten an Sachen durch Nichtgebrauch Anerkennung überhaupt nicht gefunden hat[15]."

Der Verjährung unterliegt gemäß § 194 Abs. 1 BGB das „Recht, von einem anderen ein Tun oder ein Unterlassen zu verlangen (Anspruch)".

Während im gemeinen Recht darüber gestritten wurde, ob die Klage oder das mit ihr geltend gemachte Recht von der Verjährung betroffen wird[16], ist durch diese Formulierung klargestellt, daß sich die Verjährung „nicht gegen die prozessuale Zuständigkeit der rechtlichen Verfolgung, sondern gegen die Berechtigung selbst"[17] richtet[18]. Zudem folgt aus § 194 Abs. 1 BGB, daß nur Ansprüche der Verjährung unterworfen sind[19]. Rechte, die nicht den von § 194 Abs 1 BGB umschriebe-

---

[13] W. Jellinek, S. 222, unter Hinweis auf RG Gruch 54 (1910), S. 1179 ff.

[14] Vgl. Mugdan, S. 511 f.

[15] Vgl. Mugdan, S. 511.

[16] Vgl. die Nachweise bei von Tuhr, S. 507 (FN 1).

[17] So die Formulierung der Motive, vgl. Mugdan, S. 512.

[18] Im Unterschied dazu handelt es sich nach angloamerikanischer Ansicht bei der Verjährung nicht um ein materiell-rechtliches, sondern um ein prozessuales Institut, vgl. Staudinger / Dilcher, Vorbem. zu § 194, Rdnr. 7.

nen Inhalt haben, insbesondere Persönlichkeitsrechte, Herrschaftsrechte, Mitwirkungsrechte und Gestaltungsrechte, verjähren nicht[20]. Grundsätzlich unterliegen alle Ansprüche der Verjährung, nicht aber etwa
Ansprüche aus familienrechtlichen Verhältnissen, soweit sie auf Herstellung des dem Verhältnis entsprechenden Zustandes für die Zukunft
gerichtet sind (§ 194 Abs. 2), der Anspruch auf Aufhebung einer Rechtsgemeinschaft (§ 758), Ansprüche aus Rechten, die im Grundbuch eingetragen sind (§ 902), und der Anspruch auf Grundbuchberichtigung
(§ 898)[21].

III. Auch das Verwaltungsrecht hat Abschied von dem weiten Verjährungsbegriff des gemeinen Rechts genommen.

1. Dies ergibt sich zunächst aus den zahlreichen verwaltungsrechtlichen Vorschriften, die die Verjährung ausdrücklich erwähnen. Folgende
Beispiele seien genannt:

Nach § 53 Abs. 1 Satz 1 Verwaltungsverfahrensgesetz des Bundes
(VwVfG)[22] unterbricht ein Verwaltungsakt, der zur Durchsetzung des
Anspruchs eines öffentlich-rechtlichen Rechtsträgers erlassen wird, die
Verjährung dieses Anspruchs. Nach § 45 Abs. 1 Sozialgesetzbuch (SGB)
— Allgemeiner Teil —[23] verjähren Ansprüche auf Sozialleistungen in
vier Jahren nach Ablauf des Kalenderjahres, in dem sie entstanden
sind. Im Sozialversicherungsrecht verjähren nach dem Sozialgesetzbuch
(SGB) — Gemeinsame Vorschriften für die Sozialversicherung —[24] die
Ansprüche auf Beiträge gemäß § 25 und der Erstattungsanspruch für zu
Unrecht entrichtete Beiträge gemäß § 27. Die Abgabenordnung (AO)[25]
enthält zahlreiche Verjährungsvorschriften über die Festsetzungs- und
die Zahlungsverjährung (§§ 169 - 171, 228 - 232 AO). Die Verjährung von

---

[19] *Enneccerus / Nipperdey*, S. 1402; *Soergel / Augustin*, vor § 194, Rdnr. 1;
Staudinger / Dilcher, Vorbem. zu § 194, Rdnr. 3; *Schack*, BB 1954, 1037.

[20] *Larenz*, S. 222.

[21] Weitere Ausnahmen bei *Larenz*, S. 222 und *Enneccerus / Nipperdey*,
S. 1402 f.

[22] Vom 25. Mai 1976 (BGBl. I 1253); die Verwaltungsverfahrensgesetze der
Länder enthalten gleichlautende Vorschriften, vgl. z. B. § 53 Abs. 1 Satz 1
VwVfG NW vom 21. Dezember 1976 (GV NW S. 438) und im übrigen *Kopp*, § 53
VwVfG, Rdnr. 36; vgl. auch § 52 Abs. 1 Satz 1 Sozialgesetzbuch (SGB) — Verwaltungsverfahren — vom 18. August 1980 (BGBl. I S. 1469).

[23] Vom 11. Dezember 1975 (BGBl. I S. 3015).

[24] Vom 23. Dezember 1976 (BGBl. I S. 3845).

[25] Vom 16. März 1976 (BGBl. I S. 613). Gingen die §§ 143 - 149 der Reichsabgabenordnung noch von einer einheitlichen Verjährung aus, so ist seit 1977
zwischen der Verjährung des Rechts, den Abgabenanspruch durch Verwaltungsakt festzusetzen — Festsetzungsverjährung — (§§ 168 ff. AO) und der
Verjährung des Zahlungsanspruchs — Zahlungsverjährung — (§§ 228 ff. AO)
zu unterscheiden, vgl. *Fick*, KStZ 1979, 122 ff.

Kirchensteuern regelt § 8 Kirchensteuergesetz NW[26]. Hinsichtlich der Kostenerstattung zwischen verschiedenen Trägern der Sozialhilfe bestimmt § 113 Satz 1 Bundessozialhilfegesetz (BSHG)[27], daß der Anspruch auf Erstattung der aufgewendeten Kosten in zwei Jahren vom Ablauf des Jahres an, in dem er entstanden ist, verjährt. § 24 des Gesetzes über das Postwesen (PostG)[28] trifft detaillierte Regelungen über die Verjährung einerseits der Gebühren- und Schadenersatzansprüche der Deutschen Bundespost gegenüber dem Postbenutzer sowie andererseits der zahlreichen Gebührenerstattungs-, Ersatz- und Schadensersatzansprüche des Postbenutzers gegenüber der Deutschen Bundespost. Nach § 34 Bundesleistungsgesetz[29] unterliegen die nach diesem Gesetz im Zusammenhang mit einer Leistungsanforderung begründeten Ansprüche der Verjährung. Hinsichtlich der Kosten (Gebühren und Auslagen) öffentlich-rechtlicher Verwaltungstätigkeit der Behörden bestimmt § 20 Abs. 1 Satz 1 Verwaltungskostengesetz (VwKostG)[30], daß der Anspruch auf Zahlung dieser Kosten nach drei Jahren, spätestens mit Ablauf des vierten Jahres nach der Entstehung, verjährt; auch der damit korrespondierende Anspruch auf Erstattung überzahlter oder zu Unrecht erhobener Kosten unterliegt gemäß § 21 VwKostG der Verjährung[31]. Ebenso ist für Kosten- und Rückerstattungsansprüche im Rahmen von Verfahren vor den ordentlichen Gerichten, den Gerichten der Verwaltungs- und Finanzgerichtsbarkeit sowie den Gerichten für Arbeitssachen die Verjährung in § 10 Gerichtskostengesetz (GKG)[32] ausdrücklich angeordnet[33].

Diese die Verjährung ausdrücklich erwähnenden Vorschriften betreffen ausschließlich die erlöschende Verjährung im dargelegten Sinn[34] und zudem lediglich vermögensrechtliche Ansprüche (Ansprüche auf Sozialleistungen, Steuern, Beiträge, Gebühren, Kosten, Erstattungs-, Ersatz- und Schadensersatzansprüche). Auch im älteren, inzwischen außer Kraft getretenen Verwaltungsrecht ließ sich kein Fall nachweisen,

---

[26] In d. F. vom 13. November 1968 (GV NW, S. 375).

[27] In d. F. vom 13. Februar 1976 (BGBl. I S. 289).

[28] Vom 28. Juli 1969 (BGBl. I S. 1006).

[29] In d. F. vom 27. September 1961 (BGBl. I S. 1769).

[30] Vom 23. Juni 1970 (BGBl. I S. 821).

[31] Entsprechende Regelungen finden sich in §§ 20 Abs. 1, 21 Abs. 3 Gebührengesetz für das Land Nordrhein-Westfalen (GebG NW) vom 23. November 1971, GV NW, S. 354.

[32] In d. F. vom 15. Dezember 1975 (BGBl. I S. 3047).

[33] Vgl. auch: § 17 des Gesetzes über die Kosten in Angelegenheiten der freiwilligen Gerichtsbarkeit (Kostenordnung) in der Fassung vom 26. Juli 1957 (BGBl. I S. 960); § 14 der Verordnung über Kosten im Bereich der Justizverwaltung (JVKostO) vom 14. Februar 1940 (RGBl. I S. 357).

[34] Siehe oben, § 2 I.

in dem die Verjährung für andere Rechte oder Rechtsverhältnisse als vermögensrechtliche Ansprüche vorgeschrieben wurde[35].

2. Daß der verwaltungsrechtlichen Verjährung nur vermögensrecht-liche Ansprüche unterliegen, wird auch von der Rechtsprechung ver-treten. Nach dem Bundesverwaltungsgericht[36] „bestehen keine grund-sätzlichen Bedenken" gegen die Anwendbarkeit der Verjährung „auch im öffentlichen Recht, sofern es sich um vermögensrechtliche Ansprüche handelt". Das OVG Münster [37] hält bei vermögensrechtlichen Ansprü-chen öffentlich-rechtlicher Natur die Annahme einer Verjährung für „unbedenklich", während man grundsätzlich davon ausgehen müsse, daß öffentlich-rechtliche Rechte und Pflichten der Verjährung nicht unterliegen. Dieser Auffassung, daß im Verwaltungsrecht nur vermö-gensrechtliche Ansprüche verjähren, folgt die Literatur[38].

Für die Richtigkeit dieser Meinung und gegen die Ansicht von Schack[39], wonach „die Lehre von der Unverjährbarkeit der nichtvermö-gensrechtlichen öffentlich-rechtlichen Ansprüche neu zu durchleuchten" ist, sprechen folgende Überlegungen[40]: Die vermögensrechtlichen An-sprüche des Verwaltungsrechts sind nicht unmittelbar mit den hoheit-lichen Aufgaben des Staates verknüpft. Sie betreffen nur mittelbar die Erfüllung staatlicher Aufgaben, indem sie dem Staat die für die Auf-gabenerfüllung notwendigen Mittel verschaffen und andererseits — bei gegen den Staat gerichteten vermögensrechtlichen Ansprüchen — ihm diese entziehen. Zudem gehen die vermögensrechtlichen Ansprüche des Verwaltungsrechts auf eine an sich nicht hoheitliche Leistung, etwa die Übereignung eines Geldbetrages, während die nichtvermögensrechtli-chen Ansprüche auf eine auch inhaltlich öffentlich-rechtliche Leistung, etwa die Rücknahme eines Verwaltungsakts, gerichtet sind. Nach Kosch-nick geht es bei den vermögensrechtlichen Ansprüchen „um rein wirt-schaftliche Rechtsbeziehungen und Interessen"[41].

Die nichtvermögensrechtlichen Ansprüche des Verwaltungsrechts sind demgegenüber teilweise mit den hoheitlichen Aufgaben des Staa-tes in besonders enger Weise verknüpft[42]. Sie sollen einen dem Gesetz

---

[35] *Maas*, S. 13 f.
[36] BVerwGE 28, 336 (338).
[37] OVGE 21, 247 (249).
[38] *Forsthoff*, S. 174; *W. Jellinek*, S. 224; *Maas*, S. 12 ff., 58 ff.; *Koschnick*, S. 52 ff.; *Meier-Branecke*, AöR N. F. 11 (1926), 230 (249); *Kopp*, § 53 VwVfG, Rdnr. 24; *Stelkens*, in: Stelkens / Bonk / Leonhardt, § 53 VwVfG, Rdnr. 5; *Meyer / Borgs*, § 53 VwVfG, Rdnr. 1.
[39] *Schack*, BB 1954, 1037.
[40] So *Maas*, S. 60 f.; *Koschnick*, S. 57 f.
[41] *Koschnick*, S. 57.

entsprechenden Zustand herbeiführen. Wären sie verjährbar, so wären die Beteiligten unter Umständen in der Lage, durch bloße Untätigkeit einen offenbar gesetzwidrigen, z. B. polizeiwidrigen Zustand zu legalisieren[43]. Die allgemeinen Befugnisse der Behörden zu hoheitlichen Regelungen, zum Erlaß von Geboten, Verboten usw. unterliegen deshalb nicht der Verjährung; für sie gelten allenfalls besondere Ausschlußfristen oder der Grundsatz der Verwirkung[44]. Als verwaltungsrechtliche Berechtigungen und Verpflichtungen, die nicht der Verjährung unterliegen, weil sie nicht wie die vermögensrechtlichen Ansprüche einen Leistungsanspruch mit unmittelbar wirtschaftlichem Charakter betreffen, sind neben den Polizei- und Ordnungspflichten etwa Freiheits- und politische Rechte, sowie die Rechte und Pflichten aus Ehrenämtern zu nennen[45]. Nicht verjähren etwa das Petitionsrecht, das aktive Wahlrecht, das Recht zur Annahme, Ablehnung oder Niederlegung eines Mandats, zur Kündigung eines verwaltungsrechtlichen Vertrages, des Beitritts zu oder des Austritts aus einem öffentlichen Verband[46].

IV. Allerdings gibt es im Verwaltungsrecht Rechtsinstitute, bei denen ebenso wie bei der Verjährung Rechtsfolgen im Zusammenhang mit dem Zeitablauf eintreten und die eine gewisse Ähnlichkeit zur Verjährung aufweisen[47]. Der Gegenstand der vorliegenden Untersuchung erfordert nicht eine Abgrenzung im einzelnen; er läßt es jedoch als sinnvoll erscheinen, diese der Verjährung ähnlichen Rechtseinrichtungen in den Grundzügen zu skizzieren.

1. Von der Verjährung sind im Verwaltungsrecht wie im Privatrecht[48] zunächst die „*Ausschlußfristen*" zu trennen[49].

Verjährungsfristen und Ausschlußfristen unterscheiden sich nach ihrem Gegenstand[50]. Während der Verjährung nur Ansprüche unter-

---

[42] *Meier-Branecke*, AöR N. F. 11 (1926), S. 230 (249), betont, daß diese Ansprüche durch das Subjektionsverhältnis, dem sie entspringen, geprägt werden.

[43] *Maas*, S. 60.

[44] So *Kopp*, § 53 VwVfG, Rdnr. 24.

[45] Diese Rechte und Pflichten können nach *Simons*, S. 56, mangels Vermögenswertigkeit der Leistung nicht Gegenstand schuldrechtlicher Rechtsverhältnisse sein.

[46] Diese subjektiven öffentlichen Rechte sind Gestaltungsrechte mit Ausnahme des Petitionsrechts, das zugleich Beherrschungs- und Forderungsrecht ist (vgl. *Wolff / Bachof*, S. 320).

[47] Vgl. nur *Wolff / Bachof*, S. 263 ff.

[48] Vgl. dazu: *Enneccerus / Nipperdey*, S. 1401; *Staudinger / Dilcher*, Vorbem. zu § 194, Rdnr. 9 f.; *Soergel / Augustin*, vor § 194, Rdnr. 10 ff.; BGB-RGRK-*Johannsen*, vor § 194, Rdnr. 6 f.

[49] *Forsthoff*, S. 194; *Wolff / Bachof*, S. 266; *Schack*, BB 1954, 1037 (1038); *Maas*, S. 30 ff.; *Koschnick*, S. 25 ff.; *H. Peters*, § 45 SGB, Anm. 3.

liegen[51], gelten Ausschlußfristen auch und sogar vorzüglich für andere Rechte[52]. Als Paradebeispiele gelten die Klage- und Rechtsmittelfristen[53], z. B. gemäß §§ 74, 124 Abs. 2, 139, 147 VwGO, ferner gesetzliche Antragsfristen[54], z. B. bei Subventionen[55] sowie Fristen, die für die Vornahme von Handlungen Verfahrensbeteiligter oder der Behörde gelten[56], z. B. die Ausschlußfristen nach § 32 Abs. 3[57] und nach § 48 Abs. 4 Satz 1[58] VwVfG. Nach dem Ablauf der Ausschlußfrist können keine Rechtshandlungen wirksam vorgenommen werden[59], oder, anders ausgedrückt, das betreffende Recht ist nicht mehr vorhanden[60]. Der Berechtigte ist also nach fruchtlosem Fristablauf mit seinem Recht „ausgeschlossen"[61]. Wo die verwaltungsrechtliche Verjährung vorliegt, gebraucht das Gesetz im allgemeinen klar auch den Ausdruck „Verjährung", bei Ausschlußfristen spricht es von einer Frist, innerhalb der etwas erfolgen kann[62].

2. Mit dem Begriff „*Verwirkung*" wird umschrieben, daß eine Berechtigung nicht mehr geltend gemacht werden kann, weil sie trotz Veranlassung zur Rechtsausübung längere Zeit hindurch nicht ausgeübt

---

[50] *Maas*, S. 30 ff., und *Koschnick*, S. 26 ff., sehen dagegen den grundlegenden Unterschied darin, daß die Ausschlußfrist im Gegensatz zur Verjährung nicht unterbrochen werden könne. Dies ist aber nur im Grundsatz richtig. Auch Ausschlußfristen können unterbrochen werden, vgl. für das BGB: BGB-RGRK-*Johannsen*, vor § 194, Rdnr. 6 f. Kritisch zu diesem Unterscheidungsmerkmal auch *Schack*, BB 1954, 1037 (1038).

[51] Oben, § 2 III.

[52] Vgl. für das BGB: *Staudinger / Dilcher*, Vorbem. zu § 194, Rdnr. 10.

[53] *Forsthoff*, S. 194; *Wolff / Bachof*, S. 266; vgl. zu den prozessualen Ausschlußfristen in §§ 58 Abs. 2, 60 Abs. 3 VwGO: BVerwGE 58, 100 (102 ff.).

[54] *Wolff / Bachof*, S. 266.

[55] *Stelkens*, in: Stelkens / Bonk / Leonhardt, § 31 VwVfG, Rdnr. 5; vgl. auch *Badura*, in: Erichsen / Martens, S. 337.

[56] *Kopp*, § 31 VwVfG, Rdnr. 5.

[57] „Nach einem Jahr seit dem Ende der versäumten Frist kann die Wiedereinsetzung nicht mehr beantragt oder die versäumte Handlung nicht mehr nachgeholt werden, außer ...".

[58] „Erhält die Behörde von Tatsachen Kenntnis, welche die Rücknahme eines rechtswidrigen Verwaltungsakts rechtfertigen, so ist die Rücknahme nur innerhalb eines Jahres seit dem Zeitpunkt der Kenntnisnahme zulässig." Vgl. dazu jetzt BVerwG, DVBl. 1982, 1001 f.

[59] *Stelkens*, in: Stelkens / Bonk / Leonhardt, § 31 VwVfG, Rdnr. 5; *Wolff / Bachof*, S. 266; zur materiell-rechtlichen Ausschlußfrist des § 20 Abs. 2 Satz 2 WPflG (Dreimonatsfrist für Zurückstellungsanträge): BVerwGE 45, 297 (299 ff.).

[60] *Enneccerus / Nipperdey*, S. 1401. Kann die Rechtshandlung dagegen trotz Fristablauf noch wirksam vorgenommen werden, so liegt keine Ausschlußfrist vor, vgl. zu § 128 Abs. 2 Satz 2 BRRG: BVerwGE 57, 98 (101).

[61] Vgl. zum Begriff der Ausschlußfrist: *Larenz*, S. 212. Zur Verfassungsmäßigkeit prozessualer Ausschlußfristen: BVerwGE 58, 100 (102 ff.).

[62] Vgl. *H. Peters*, § 45 SGB, Anm. 3.

worden ist; dabei müssen Umstände die Annahme des Verpflichteten rechtfertigen, der Berechtigte werde von seinem Recht keinen Gebrauch mehr machen, und er, der Verpflichtete, muß sich darauf eingerichtet haben[63].

Im Gegensatz zur Verjährung müssen also zum bloßen Zeitablauf besondere Umstände hinzukommen[64]. Die Verwirkung in diesem Sinne ist aus dem allgemeinen Rechtsgrundsatz von Treu und Glauben entwickelt worden[65], nach dem sich auch die von den Umständen des Einzelfalles abhängige Zeitdauer und die besonderen Umstände bestimmen, die insgesamt die Erfüllung der Berechtigung unzumutbar machen[66]. Die Verwirkung kommt für das Handeln der Verwaltungsbehörden wie für das Verhalten des einzelnen in Betracht[67]. Sie kann sich auf materiell-rechtliche Befugnisse und Rechte[68] oder auf die Zulässigkeit des Verfahrens[69], die Zulässigkeit eines Antrags oder einer einzelnen Verfahrenshandlung beziehen[70].

3. Schließlich ist im Verwaltungsrecht von der Anspruchsverjährung im dargelegten Sinn die *„unvordenkliche Verjährung"* zu unterscheiden:

Kann das Bestehen einer subjektiven Berechtigung oder eines Rechtszustandes nicht nachgewiesen werden, so begründet die unvordenkliche Verjährung die widerlegliche Vermutung, daß die seit Menschengedenken bestehende Übung rechtmäßig ist, wenn ein solches Recht bzw. ein solcher Rechtszustand überhaupt noch rechtlich zulässig ist[71]. Die unvordenkliche Verjährung entstand im Mittelalter aus Grundlagen im

---

[63] *Wolff / Bachof*, S. 265; BVerwGE 44, 339 (343 f.); 52, 16 (25); BVerwG, ZBR 1962, 196 f.; BVerwG, DÖV 1970, 498; BSGE 7, 199 ff.; OVG Münster, OVGE 21, 247; *Erichsen / Martens*, S. 156 f.; *Stelkens*, in: Stelkens / Bonk / Leonhardt, § 53 VwfG, Rdnr. 3.

[64] So ausdrücklich für das BGB: *Soergel / Augustin*, vor § 194, Rdnr. 17; für das Verwaltungsrecht: *H. Peters*, § 45 SGB, Anm. 3; *Stich*, DVBl. 1959, 234 (236 f.).

[65] *Forsthoff*, S. 172; BVerwGE 44, 339 (343): „Verwirkung als Hauptanwendungsfall des venire contra factum proprium (Verbot widersprüchlichen Verhaltens)".

[66] *Wolff / Bachof*, S. 265; *Stich*, DVBl. 1959, 234 (237 f.).

[67] *Forsthoff*, S. 172 m.w.N.

[68] Vgl. z. B. zur Verwirkung von Ansprüchen auf Vorausleistung auf den Erschließungsbeitrag nach § 133 Abs. 3 Satz 1 BBauG: BVerwGE 48, 247 (250 f.).

[69] Vgl. etwa zur Verwirkung des Rechts auf Wiederaufnahme des Verfahrens (§ 342 Abs. 1 LAG): BVerwGE 44, 339 (343 ff.).

[70] *Kopp*, § 53 VwVfG, Rdnr. 31.

[71] *Koschnick*, S. 70 ff.; *Wolff / Bachof*, S. 263 f., der den Begriff „Unvordenklichkeit" verwendet. Allgemein gebräuchlich ist jedoch die Bezeichnung „unvordenkliche Verjährung", vgl. außer *Koschnick* z. B. *Enneccerus / Nipperdey*, S. 1398; *Forsthoff*, S. 193; *Maas*, S. 27; *Nebinger*, S. 63; OVG Münster, OVGE 19, 175 (178).

kanonischen Recht[72]. Sie war bis ins 19. Jahrhundert hinein sehr wichtig, hatte seitdem aber fast nur noch Bedeutung für das Wasser-, Wege- und Weiderecht[73]. Im Wegerecht ersetzt die unvordenkliche Verjährung den Nachweis, daß ein Weg dem Gemeingebrauch gewidmet worden ist[74]. Sie beruht auf dem Gedanken, daß ein Zustand, der seit Menschengedenken besteht, rechtlich nicht mehr angefochten werden soll[75]. Erforderlich ist regelmäßig eine widerspruchslose Rechtsausübung während 80 Jahren; kann nicht bewiesen werden, daß in dieser Frist der gegenwärtige oder ein anderer Zustand entstanden oder aufgehoben worden ist, so genügt die glaubhafte Bezeugung von Personen, das Recht sei innerhalb der letzten 40 Jahre ausgeübt worden und ihnen sei nicht bekannt, daß während der vorangegangenen 40 Jahre ein anderer Zustand bestanden habe[76].

§ 3 Zweck der verwaltungsrechtlichen Verjährung

I. Bevor der Zweck der verwaltungsrechtlichen Verjährung untersucht wird, soll aus Gründen der Verdeutlichung zunächst dargestellt werden, welchem Zweck die bürgerlichrechtliche Verjährung dient.

1. Zu Sinn und Zweck der Anspruchsverjährung nach §§ 194 ff. BGB, die nach *Larenz*[1] „nicht unproblematisch" sind, finden sich in der Literatur unterschiedliche Stellungnahmen.

Während es teilweise heißt, Zweck der Verjährung sei die Wahrung des Rechtsfriedens[2] oder die Bewahrung von Rechtssicherheit und Rechtsfrieden[3] und nach anderer Ansicht[4] die Verjährung „vor allem" den Schuldner vor dem zeitbedingten Verlust von Beweismitteln schützen soll, dient das Institut der Verjährung nach *von Tuhr*[5] „sowohl

---

[72] *Staudinger / Dilcher*, Vorbem. zu § 194, Rdnr. 18.

[73] *Wolff / Bachof*, S. 264. Zu einer auf unvordenklichem Zeitablauf beruhenden Berechtigung im Wasserrecht (Staurecht): VGH Mannheim, NVwZ 1982, 570 (571 f.). In das BGB wurde die unvordenkliche Verjährung nicht aufgenommen mit der Begründung, ihr Schwerpunkt liege auf dem Gebiet des öffentlichen Rechts, ein Bedürfnis für die Aufnahme in das BGB bestehe nicht, vgl. *Mugdan*, S. 543.

[74] *Forsthoff*, S. 193; OVG Münster, OVGE 19, 175 (178 f.).

[75] *Staudinger / Dilcher*, Vorbem. zu § 194, Rdnr. 18.

[76] *Wolff / Bachof*, S. 264; *Koschnick*, S. 75; *Nebinger*, S. 63 f.; *von Feldmann*, in: Münchener Kommentar, § 194, Rdnr. 3.

[1] S. 222.

[2] So etwa *Palandt / Heinrichs*, vor § 194, Anm. 2.

[3] So z. B. *Soergel / Augustin*, vor § 194, Rdnr. 2.

[4] So *F. Peters*, NJW 1982, 1857 (1858).

[5] *von Tuhr*, AT II 2, S. 507.

dem öffentlichen Interesse der Rechtssicherheit und Entlastung der Gerichte[6], als dem Schutz des einzelnen gegen unbillige Belästigung durch Ansprüche aus lange zurückliegender Zeit". *Dilcher*[7] führt aus, die Anspruchsverjährung als Rechtsinstitut beruhe auf dem Verständnis der Privatrechtsordnung als eines Systems für schutzwürdige subjektive Interessen. Da nach der Lebenserfahrung ein Berechtigter seine ernsthaften Interessen auch verfolge, spreche im gegenteiligen Falle die Wahrscheinlichkeit dafür, daß ein an sich bestehender Anspruch des staatlichen Schutzes nicht würdig sei. Deshalb werde dem Verpflichteten mit der Verjährung die Möglichkeit eröffnet, sich gegen einen verspätet erhobenen Anspruch ohne Eingehen auf die Sache verteidigen zu können. Damit werde zugleich dem Verpflichteten der Nachweis von Umständen erspart, welche durch den Ablauf einer langen Zwischenzeit bereits verdunkelt seien. Insoweit komme der Verjährung eine beweisersparende Funktion zu. Im Zusammenhang damit stehe, daß auf diese Weise auch dem Rechtsfrieden und der Rechtssicherheit gedient werde. Schließlich hätten die Verjährungsvorschriften die wirtschaftspolitische Funktion, den Gläubiger zur raschen endgültigen Abwicklung seines Rechtsverkehrs zu veranlassen; dies gelte vor allem für die kurzen Verjährungsfristen bei den Geschäften des täglichen Lebens.

2. Diese unterschiedlichen Äußerungen in der Literatur legen die Frage nach den Vorstellungen des BGB-Gesetzgebers zum Zweck der bürgerlichrechtlichen Verjährung nahe. Diese hält auch der Bundesgerichtshof[8] für maßgeblich[9].

Grund und Zweck der bürgerlichrechtlichen Anspruchsverjährung ist nach den Motiven zum BGB[10], „der Behelligung mit veralteten Ansprüchen ein Ziel zu setzen. Der Verkehr erträgt es nicht, daß lange verschwiegene, in der Vergangenheit vielleicht weit zurückliegende Tatsachen zur Quelle von Anforderungen in einem Zeitpunkte gemacht werden, in welchem der in Anspruch genommene Gegner infolge der verdunkelnden Macht der Zeit entweder nicht mehr oder doch nur schwer noch in der Lage ist, die ihm zur Seite stehenden entlastenden Umstände mit Erfolg zu verwerten. Anforderungen dieser Art sind in

---

6 Die Gerichte sollen sich nicht mit Prozessen befassen müssen, die einen nur schwer oder gar nicht mehr aufklärbaren Sachverhalt betreffen, deren Ausgang daher doch mehr oder weniger von Zufälligkeiten abhängen müßte, vgl. *Larenz*, S. 223. Dagegen ist nach *Spiro*, S. 21 f., der Gedanke der Entlastung der Gerichte für den Zweck der Verjährung nicht erheblich.

7 *Staudinger / Dilcher*, vor § 194, Rdnr. 4.

8 BGHZ 17, 199 (206).

9 Vgl. allgemein zur Berücksichtigung des Willens des historischen Gesetzgebers im Rahmen der Auslegung: *Larenz*, Methodenlehre, S. 313 ff.; *Wolff / Bachof*, S. 162; *Husserl*, S. 25 ff., 58 ff.; *Krawietz*, S. 60.

10 Vgl. *Mugdan*, S. 512.

der Regel nach innerlich unbegründet oder bereits erledigt. Der Schwerpunkt der Verjährung liegt nicht darin, daß dem Berechtigten sein gutes Recht entzogen, sondern darin, daß dem Verpflichteten ein Schutzmittel gegeben wird, gegen voraussichtlich unberechtigte Ansprüche ohne ein Eingehen auf die Sache sich zu verteidigen. Die Verjährung ist das Mittel zum Zwecke, nicht Selbstzweck. Geschieht im einzelnen Falle der materiellen Gerechtigkeit Eintrag, geht der Berechtigte seines wohlbegründeten Anspruches durch die Verjährung verlustig, so ist dies ein Opfer, das der Betroffene dem Gemeinwohl bringen muß. Gegenüber der beharrlichen Nichtbetätigung des Anspruches, ohne welche die Verjährung nicht möglich, und dem daraus abzuleitenden geringen Interesse des Berechtigten an dem Inhalte des Anspruches wird dieses Opfer kaum als ein solches angesehen werden können, welches besonders hart empfunden werden dürfte".

Diesen Ausführungen ist zu entnehmen, daß die Verjährungsvorschriften der §§ 194 ff. BGB eine zweifache Zweckrichtung haben. Sie bestehen zum einen im Interesse des Schuldners[11] („Der Schwerpunkt der Verjährung liegt ... darin, daß dem Verpflichteten ein Schutzmittel gegeben wird ...") und zum anderen im öffentlichen Interesse[12] („Der Verkehr erträgt es nicht ..." sowie „Opfer, das der Betroffene dem Gemeinwohl bringen muß").

3. Dieses aus den Gesetzesmaterialien folgende Ergebnis wird durch folgende Überlegungen bestätigt: Wenn die Verjährungsvorschriften des BGB allein den Schutz des Schuldners bezweckten, so hätte es nahegelegen, nur den gutgläubigen Schuldner zu schützen. Ein dementsprechender Vorschlag, die Verjährung — wie etwa nach dem kanonischen Recht und dem Preußischen Allgemeinen Landrecht — dann auszuschließen, wenn der Schuldner sich erweislich des Fortbestandes des Anspruches bewußt ist[13], wurde zwar in die Beratungen zum BGB

---

[11] Vgl. BGB-RGRK-*Johannsen*, vor § 194, Rdnr. 2: „Je länger die Zeit ist, die seit dem Entstehen des Anspruchs vergangen ist, desto schwieriger wird die Beweislage für den in Anspruch Genommenen. Zwar muß der Berechtigte beweisen, daß der Anspruch für ihn entstanden ist. Für den in Anspruch Genommenen kann es aber infolge des Zeitablaufs schwierig sein, gegenüber den von dem Kläger unter Beweis gestellten anspruchsbegründenden Tatsachen solche Umstände darzulegen und zu beweisen, durch die die Beweiskraft der vom Kläger vorgetragenen Tatsachen erschüttert wird. Auch müßte der in Anspruch Genommene beweisen, daß der Anspruch wieder erloschen ist, z. B. dadurch, daß er ihn erfüllt oder der Berechtigte ihm die Schuld erlassen hat. Dieser Beweis wird für ihn naturgemäß schwieriger, je mehr Zeit seit dem Entstehen des Anspruchs verstrichen ist."

[12] Vgl. auch BGHZ 17, 199 (206): „Der Gesetzgeber geht davon aus, daß in der Regel die Verjährung innerlich gerechtfertigt ist. Im Interesse der Rechtssicherheit tritt sie aber auch dann ein, wenn dieser Gedanke im Einzelfall nicht zutrifft."

[13] Vgl. *Spiro*, S. 12 f.

eingebracht, aber abgelehnt[14]. Hieraus ist zu schließen, daß die Verjährung des BGB auch öffentlichen Interessen dient[15], unabhängig davon, ob diese näher zu kennzeichnen sind als Rechtssicherheit, Rechtsfrieden, Entlastung der Gerichte oder Ansporn zur Geltendmachung von Ansprüchen[16]. Dies ergibt sich auch aus § 225 BGB, wonach die Verjährung durch Rechtsgeschäft weder ausgeschlossen noch erschwert werden kann. Diese Vorschrift „zieht die Folgerung daraus, daß die mit dem Rechtsinstitut der Verjährung angestrebte Rechtssicherheit und Erhaltung des Rechtsfriedens nicht nur dem Schuldner zugute kommt, sondern auch im öffentlichen Interesse liegt"[17].

Auf der anderen Seite hat der Gesetzgeber des BGB den Eintritt der Verjährungsfolgen vom Willen des Schuldners abhängig gemacht, indem er die Verjährung als Leistungsverweigerungsrecht des Verpflichteten ausgestaltet hat (§ 222 Abs. 1)[18]. Die bürgerlichrechtliche Verjährung kann deshalb nicht allein im öffentlichen Interesse bestehen; diesem wäre nämlich am besten gedient, wenn die Verjährung unabhängig vom Willen des Schuldners, also stets, zu berücksichtigen wäre.

II. Es fragt sich, ob diese zweifache Zweckrichtung der bürgerlichrechtlichen Verjährung — Interesse des Schuldners einerseits, öffentliches Interesse andererseits[19] — auch auf die verwaltungsrechtliche Verjährung zutrifft.

1. *Koschnick*[20] meint: „Für das Verwaltungsrecht muß behauptet werden, daß die Verjährung im wesentlichen dem Vorteile der Allgemeinheit, dem Interesse des Gemeinwohls dienen soll." Denn nur mit Rücksicht auf das Wohl der Gesamtheit seien dem Einzelnen Rechte und Rechtsmöglichkeiten eingeräumt. Wenn die Verjährung im Ver-

---

[14] Vgl. *Mugdan*, S. 793 ff.

[15] So *Zweifel*, S. 4, der allerdings annimmt, der Schutz des Schuldners sei auch bei bloßen Vermutungsfristen gewährleistet; dagegen zu Recht: *Spiro*, S. 9 f.

[16] *Spiro*, S. 23, hält die „Formel" des öffentlichen Interesses für „wenig fruchtbar und vor allem verwirrend" und meint, „ein besonderes öffentliches Interesse, das von dem der Einzelnen verschieden wäre, ein unmittelbares eigenes Interesse der Allgemeinheit als solcher (sei) ... bei der Verjährung nicht maßgebend".

[17] So *von Feldmann*, in: Münchener Kommentar, § 225, Rdnr. 1; vgl. auch *Staudinger / Dilcher*, § 225 Rdnr. 1; *Erman / Hefermehl*, vor § 194, Rdnr. 4.

[18] Vgl. dazu ausführlich unten, § 8.

[19] Vgl. auch RGZ 106, 82 (84): ... „die Rechtseinrichtung der Verjährung (dient) keineswegs bloß dem Vorteil des einzelnen Schuldners, sondern dem öffentlichen Wohl ...; sie soll den Rechtsfrieden und die Rechtssicherheit befördern, indem sie ...".

[20] S. 6 f.

waltungsrecht auch den Einzelnen begünstige, so doch nur deshalb, weil der Weg zu diesem im öffentlichen Interesse liegenden Zweck zwangsläufig über den Einzelnen führe. Die Herrschaft des öffentlichen Interesses gebiete im Verwaltungsrecht, daß „zum Wohle der Allgemeinheit"[21] ein tatsächlicher Zustand durch die Rechtseinrichtung der Verjährung seinen Schutz erhalte.

Dafür, daß die verwaltungsrechtliche Verjährung vorrangig dem öffentlichen Interesse dient, spricht sich ferner — wenn auch nicht so betont — *H. Peters*[22] aus: „Sinn und Zweck der Verjährung liegen vorwiegend im öffentlichen Interesse; sie dient der klaren Rechtslage und damit der Rechtssicherheit."

Demgegenüber ist nach *Schultzenstein*[23] der Zweck (auch) der verwaltungsrechtlichen Verjährung, „auch wenn dabei mittelbar die Rücksicht auf die Allgemeinheit oder einen Teil der Allgemeinheit (mitwirke) — Schutz des allgemeinen Rechtsfriedens, Fernhaltung der Behelligung mit veralteten Tatbeständen von den Gerichten usw. —, nicht der, dem Vorteile dieser Allgemeinheit oder eines Teiles von ihr, sondern lediglich oder doch durchaus überwiegend, und zwar so überwiegend, daß er allein Beachtung finden (könne), der, dem Vorteile der besonderen Rechtssicherheit des einzelnen Verpflichteten zu dienen. Dieser einzelne Verpflichtete und er allein (solle) dadurch geschützt werden". Es handele sich um einen „individuellen Schutz gegen ein sachwidriges Hinübergreifen der Vergangenheit in die Gegenwart, gegen die Gefahr doppelter Erfüllung und gegen die Erschwerung des Beweises"[24].

2. Diesen Ansichten ist indessen nicht zu folgen, weil sie zu Unrecht entweder den Gesichtspunken des öffentlichen Interesses oder den Gesichtspunkt des Schuldnerschutzes zu stark in den Vordergrund stellen.

a) Festzuhalten ist zunächst, daß die verwaltungsrechtliche Verjährung dem öffentlichen Interesse dient.

Darüber herrscht zu Recht in der Rechtsprechung Einigkeit. Die übliche Formulierung insoweit lautet, die Gläubiger vermögensrechtlicher Ansprüche sollten „im Interesse klarer Verhältnisse" dazu angehalten werden, ihre Forderungen in angemessener Zeit geltend zu machen[25]. Die Verjährung dient danach „sowohl im bürgerlichen als

---

[21] *Koschnick*, S. 7.
[22] § 45 SGB, Anm. 3.
[23] Verw.Arch. 17 (1909), 1 (16).
[24] *Schultzenstein*, Verw.Arch. 17 (1909), 1 (17).
[25] BVerwGE 28, 336 (339); OVG Münster, NJW 1971, 1330; OVG Münster, DVBl. 1974, 596 (597); OVG Rheinland-Pfalz, DÖD 1982, 45 (46).

auch im öffentlichen Recht der Rechtssicherheit und dem Rechtsfrieden"[26].

Dem ist schon deshalb zuzustimmen, weil das Bedürfnis nach Rechtssicherheit und Rechtsfrieden im Verwaltungsrecht nicht geringer als im bürgerlichen Recht ist. Hinzu kommt die spezifisch verwaltungsrechtliche Erwägung des Bundesverwaltungsgerichts[27], gerade bei laufenden öffentlich-rechtlichen Zahlungsverpflichtungen öffentlich-rechtlicher Körperschaften stehe hinter dieser Zweckbestimmung noch ausgeprägter als im Privatrecht auch das allgemeine Interesse. Denn es würde sich möglicherweise als ernsthafte Behinderung einer öffentlich-rechtlichen Körperschaft bei der Wahrnehmung ihrer öffentlichen Aufgaben auswirken, wenn ihr Gläubiger nicht eindeutig klarstellte, daß er laufend zu erfüllende und bei dieser Erfüllungsart für den Schuldner auch tragbare Forderungen geltend machen wolle und wenn er statt dessen unbesorgt sogar umstrittene Forderungen über Jahre bis zu einer dann alsbald in einer Summe zu begleichenden und deshalb besonders belastenden Gesamtforderung anwachsen lassen könnte[28].

b) Dieser Zweck, öffentlichen Interessen zu dienen, ist jedoch nicht der alleinige Zweck der verwaltungsrechtlichen Verjährung. Nach dem Bundesverwaltungsgericht[29] ist der Zweck, die Gläubiger vermögensrechtlicher Ansprüche im Interesse klarer Verhältnisse dazu anzuhalten, ihre Forderungen in angemessener Zeit geltend zu machen, „eine wesentliche" Zweckbestimmung der Verjährung, also nicht die ausschließliche. Als demnach festzustellende weitere Zweckbestimmung der verwaltungsrechtlichen Verjährung ist der Schutz des einzelnen Anspruchsverpflichteten anzusehen.

Maas[30] führt hierzu aus: „Die Gründe, die eine ... Einführung der Verjährung als billig erscheinen lassen, bestehen einerseits in einer Rücksichtnahme auf den Schuldner des jeweiligen konkreten Anspruches; andererseits beruhen sie auch auf dem Interesse der Gesamtheit, daß der Rechtsfrieden nicht durch ein Übergreifen der Vergangenheit in die Gegenwart gestört werden kann. Dazu besteht namentlich im

---

[26] So im Zusammenhang mit vorgenannter Formulierung: OVG Münster, DVBl. 1974, 596 (597).

[27] BVerwGE 28, 336 (339).

[28] Ebenso OVG Rheinland-Pfalz, DÖD 1982, 45 (46); vgl. auch BSG, DVBl. 1972, 546 (548): „Es entspricht dem Zweck der Verjährung, die Versicherungsträger davor zu bewahren, daß sie für eine praktisch unbegrenzte Zeit noch mit verspäteten Anmeldungen rechnen müssen. Die Verjährungsvorschrift soll ihnen auch die Möglichkeit geben, sich in ihrer Haushaltsgebarung darauf einzurichten, daß Nachzahlungen grundsätzlich nicht für einen längeren Zeitraum als vier Jahre geleistet werden müssen."

[29] BVerwGE 28, 336 (339).

[30] S. 18.

öffentlichen Recht häufig ein Interesse der Allgemeinheit an dem Schicksal des Anspruches."

Dieser Ansicht ist zu folgen. Durchgreifende Bedenken dagegen, daß im Verwaltungsrecht die Verjährung wie im bürgerlichen Recht auch den Inanspruchgenommenen schützen will, bestehen nicht. Die zur Begründung der gegenteiligen Ansicht angeführte „Herrschaft des öffentlichen Interesses" im Verwaltungsrecht[31] gilt ohnehin seit der Anerkennung des subjektiven öffentlichen Rechts[32] nicht mehr unumschränkt[33] und jedenfalls nicht im Bereich der hier in Rede stehenden vermögensrechtlichen Ansprüche des Verwaltungsrechts. Zuzustimmen ist deshalb dem Bundessozialgericht[34], das — allerdings ohne nähere Begründung — ausführt, der rechtspolitische Zweck „einer jeden Verjährungsvorschrift" liege darin, einen Schuldner nach Ablauf einer bestimmten Zeit wegen der damit verbundenen Beweisschwierigkeiten vor der Inanspruchnahme durch den Gläubiger zu schützen.

Als Ergebnis ist danach festzuhalten, daß die verwaltungsrechtliche Verjährung — wie die bürgerlichrechtliche — sowohl dem öffentlichen Interesse als auch dem Interesse des einzelnen Schuldners dient[35].

---

[31] *Koschnick*, S. 7; vgl. allgemein zum Begriff des öffentlichen Interesses: *Wolff / Bachof*, S. 169 ff.; *von Münch*, in: Erichsen / Martens, S. 5 ff.

[32] Vgl. dazu *Wolff / Bachof*, S. 318 ff.

[33] *Erichsen / Martens*, S. 148.

[34] BSGE 24, 66 (68); vgl. auch BSG, DVBl. 1972, 546 (548).

[35] Ebenso: *Zweifel*, S. 3 f., 9 ff., 13, 55.

Zweiter Teil

Wirkung der verwaltungsrechtlichen Verjährung

Nach dieser Darstellung von Begriff und Zweck der verwaltungsrechtlichen Verjährung soll nunmehr untersucht werden, welche Wirkung die verwaltungsrechtliche Verjährung hat: Löst allein der Ablauf der Verjährungsfrist Rechtswirkungen aus mit der Folge, daß die
Verjährung vom Gericht von Amts wegen beachtet werden muß oder
können Rechtsfolgen der Verjährung nur dann eintreten, wenn der
Schuldner des eingeklagten Anspruchs sich auf die Verjährung beruft?

Erstes Kapitel

Die Bestimmung der Wirkung der verwaltungsrechtlichen Verjährung ohne Heranziehung bürgerlichen Rechts

§ 4 Verwaltungsrechtliche Vorschriften über die Verjährungswirkung

I. Im Verwaltungsrecht fehlt eine einheitliche Regelung über die
Wirkung der Verjährung.

1. Die Verwaltungsverfahrensgesetze des Bundes[1] und der Länder[2]
regeln (in § 53) lediglich die Unterbrechung der Verjährung von Ansprüchen öffentlich-rechtlicher Rechtsträger durch Erlaß eines Verwaltungsakts, nicht aber andere Fragen der Verjährung wie diejenige der
Wirkung[3]. Dies gilt ebenso für das Sozialgesetzbuch (SGB) — Verwaltungsverfahren —[4] (§ 52)[5].

2. Die spezialgesetzlichen Vorschriften des Verwaltungsrechts über
die Verjährung regeln nur ganz ausnahmsweise deren Wirkung; die
vorhandenen Regelungen sind zudem nicht einheitlich.

---

[1] Vom 25. Mai 1976 (BGBl. I S. 1253).
[2] Vgl. z. B. VwVfG NW vom 21. Dezember 1976 (GV NW S. 438).
[3] Vgl. *Kopp*, § 53 VwVfG, Rdnr. 4, 26 f., 36.
[4] Vom 18. August 1980 (BGBl. I S. 1469).
[5] Vgl. *Engelmann*, in: Schroeder-Printzen, § 52 SGB X, Anm. 1.3.

So gelten nach § 45 Abs. 2 Sozialgesetzbuch (SGB) — Allgemeiner Teil —[6] u. a. für die Wirkung der Verjährung die Vorschriften des Bürgerlichen Gesetzbuches sinngemäß, so daß jedenfalls mittelbar durch diese Verweisung die Verjährungswirkung eine ausdrückliche Regelung erfährt. Eine unmittelbar verwaltungsrechtliche Anordnung trifft § 24 Abs. 7 PostG[7]. Diese Vorschrift lautet: „Im übrigen gelten die Vorschriften des bürgerlichen Rechts über die Verjährung entsprechend; die Verjährung wird nicht von Amts wegen berücksichtigt." Entsprechend heißt es in § 10 Abs. 3 Satz 1 GKG[8] und in § 17 Abs. 3 Satz 1 KostO[9]: „Auf die Verjährung sind die Vorschriften des Bürgerlichen Gesetzbuches anzuwenden; die Verjährung wird nicht von Amts wegen berücksichtigt." Demgegenüber lauten § 20 Abs. 1 Sätze 1 und 3 VwKostG[10]: „Der Anspruch auf Zahlung von Kosten verjährt nach drei Jahren, spätestens mit dem Ablauf des vierten Jahres nach der Entstehung. ... Mit dem Ablauf dieser Frist erlischt der Anspruch." Hier ist also die Verjährungswirkung von Amts wegen zu berücksichtigen. Nach § 232 AO[11] erlöschen durch Verjährung der Anspruch aus dem Steuerschuldverhältnis und die von ihm abhängenden Zinsen, was zur Folge hat, daß der Eintritt der Verjährung von Amts wegen zu berücksichtigen ist[12]. Die Kommunalabgabengesetze der Länder schreiben die entsprechende Anwendung dieser Vorschrift vor[13].

II. Ist bei den von diesen Vorschriften erfaßten Ansprüchen die Frage, ob die Verjährung von Amts wegen oder nur auf Einrede des Beklagten zu berücksichtigen ist, klar zu beantworten, so gilt dies bei der weitaus überwiegenden Zahl der vermögensrechtlichen Ansprüche des Verwaltungsrechts nicht. Denn zum einen fehlen bei vielen dieser — der Verjährung unterliegenden[14] — Ansprüche überhaupt Vorschriften über die Verjährung; zum anderen sind auch die vorhandenen Verjährungsvorschriften meist zu knapp und bedürfen gerade im Hinblick auf die Wirkung der Verjährung einer Ergänzung. Dieser bereits vor Jahrzehnten festgestellte Befund[15] gilt auch heute noch.

---

[6] Vom 11. Dezember 1975 (BGBl. I 3015).

[7] Vom 28. Juli 1969 (BGBl. I S. 1006).

[8] In d. F. vom 15. Dezember 1975 (BGBl. I S. 3047).

[9] In d. F. vom 26. Juli 1957 (BGBl. I S. 960).

[10] Vom 23. Juni 1970 (BGBl. I S. 821).

[11] Abgabenordnung (AO 1977) vom 16. März 1976 (BGBl. I S. 613).

[12] Vgl. *Hübschmann / Hepp / Spitaler*, § 232 AO 1977, Rdnr. 3; *Tipke / Kruse*, § 232 AO, Rdnr. 3; *Fick*, KStZ 1979, 122 (124); vgl. auch *Czerweny*, S. 7 ff. (zu der entsprechenden Regelung in § 148 AO a. F.).

[13] Vgl. z. B. § 12 Abs. 1 Nr. 5a KAG NW vom 21. Oktober 1969 (GV NW S. 712); Art. 13 Abs. 1 Nr. 5 a bay. KAG i.d.F. vom 4. Februar 1977 (GVBl. S. 82); § 4 Abs. 1 Nr. 5 a hess. KAG vom 17. März 1970 (GVBl. S. 225) sowie § 11 Abs. 1 Nr. 5 a nds. KAG vom 8. Februar 1973 (GVBl. S. 41).

[14] Vgl. oben, § 2 III.

[15] *Maas*, S. 10, 40, 82 ff.; *Koschnick*, S. 30 f., 59 ff.; *Schack*, BB 1954, 1037 ff.

1. An vermögensrechtlichen Ansprüchen des Verwaltungsrechts, bei denen die Verjährung nicht geregelt ist, sind beispielsweise zu erwähnen die öffentlich-rechtlichen Ansprüche aus Geschäftsführung ohne Auftrag, in denen der Kläger für einen anderen als Hoheitsträger tätig geworden ist[16]. Als Beispiel sei der vieldiskutierte „Tankwagenfall" genannt, in dem ein mit Öl gefüllter Tanklastwagen umkippt, die Ordnungsbehörde mit Rücksicht auf eine Grundwassergefährdung einen Unternehmer mit dem unverzüglichen Abräumen des ölverseuchten Erdreichs beauftragt und nun von dem Störer Kostenersatz verlangt[17]. Ferner fehlt eine verwaltungsrechtliche Verjährungsregelung bei den allgemeinen öffentlich-rechtlichen Erstattungsansprüchen, die — ohne Vorliegen einer Spezialvorschrift — die Erstattung zu Unrecht bewirkter Leistungen betreffen und — ebenso wie die Ansprüche aus öffentlich-rechtlicher Geschäftsführung ohne Auftrag — sowohl einem Bürger gegen einen Träger öffentlicher Verwaltung wie einem Verwaltungsträger gegen einen Bürger als auch einem Verwaltungsträger gegen eine andere juristische Person des öffentlichen Rechts zustehen können[18]. Genannt als Beispiel eines solchen Erstattungsanspruchs sei hier der Anspruch eines Bürgers gegen eine Gemeinde auf Erstattung von ohne Rechtsgrund gezahlten Erschließungsbeiträgen, sei es, daß die Voraussetzungen der Erhebung gemäß §§ 127 ff. Bundesbaugesetz[19] nicht vorlagen oder sei es, daß ein öffentlich-rechtlicher Vertrag zur Ablösung des Erschließungsbeitrages sich als nichtig erweist[20].

2. An gesetzlichen Vorschriften des Verwaltungsrechts, die vermögensrechtliche Ansprüche regeln[21], eine Bestimmung über die Wirkung der Verjährung aber nicht enthalten, sind etwa zu nennen: § 16 Unterhaltssicherungsgesetz[22] (Erstattung zu Unrecht empfangener Leistungen zur Unterhaltssicherung), § 88 c Abs. 1 Satz 2 Zweites Wohnungsbaugesetz[23] (Zurückerstattung von Aufwendungszuschüssen), § 7 Abs. 3

---

[16] *Erichsen / Martens*, S. 298 ff.; *Redeker / von Oertzen*, § 40 VwGO, Anm. 16 f.; *Wolff / Bachof*, S. 340; *Achterberg*, S. 612 ff.

[17] Vgl. dazu insbesondere *Hurst*, DVBl. 1965, 757 ff.; *Baur*, DVBl. 1965, 993 ff.; *Klein*, DVBl. 1968, 166 ff.; *Mertens*, S. 69 ff.

[18] Vgl. *von Mutius*, Verw.Arch. 71 (1980), 413 (414); *Wolff / Bachof*, S. 340 ff.; *Redeker / von Oertzen*, § 40 VwGO, Anm. 17 f.; *Erichsen / Martens*, S. 303 ff.; *Achterberg*, S. 582 ff.

[19] In d. F. vom 18. August 1976 (BGBl. I S. 2257).

[20] Vgl. BVerwG, NJW 1982, 2392 f.

[21] Vgl. auch die Nachweise vermögensrechtlicher Ansprüche des Verwaltungsrechts bei *Simons*, S. 60 ff.

[22] In d. F. vom 9. September 1980 (BGBl. I S. 1685). Zur Verjährung der Erstattungsansprüche nach § 16 USG: OVG Münster, Urteil vom 18. Juni 1980 — 1 A 2795/78 —, abgedruckt bei *Eichler*, USG, Bd. 6 (§ 16 USG).

[23] In d. F. vom 30. Juli 1980 (BGBl. I S. 1085).

Bundesfernstraßengesetz[24] (Kostenerstattungspflicht des Verunreinigers einer Straße gegenüber der Straßenbaubehörde), §§ 46 Beamtenrechts-rahmengesetz[25], 78 Bundesbeamtengesetz[26], 24 Soldatengesetz[27] (Schadensersatzanspruch des Dienstherrn bei schuldhafter Dienstpflichtverletzung des Beamten/Soldaten), §§ 49 ff. Bundes-Seuchengesetz[28] (Entschädigungsansprüche), § 1 Abs. 5 Investitionszuschußgesetz[29] (Erstatstattung eines Investitionszuschusses für Wohnungen im sozialen Wohnungsbau)[30], § 44 Abs. 3 Satz 2 Flurbereinigungsgesetz[31] (Anspruch auf Geldausgleich bei unvermeidbarer Mehr- oder Minderausweisung von Land im Rahmen der Flurbereinigung), §§ 66 ff. Tierseuchengesetz[32] (Entschädigung des Tierbesitzers für Tierverluste)[33], § 113 Bundessozialhilfegesetz[34] (Kostenerstattung zwischen verschiedenen Trägern der Sozialhilfe)[35], § 51 Abs. 3 Kreditwesengesetz[36] (Erstattungsanspruch des Bundes gegenüber einem Kreditinstitut)[37].

§ 5 Literatur und Rechtsprechung zur Wirkung der verwaltungsrechtlichen Verjährung

I. In der Literatur wird unterschiedlich beurteilt, ob die Verjährung eines öffentlich-rechtlichen Anspruchs vom Gericht von Amts wegen zu berücksichtigen ist oder nur auf Einrede des Betroffenen.

1. Nach *Kopp*[1] ist „im Zweifel... anzunehmen, daß die Verjährung nur ein Einrederecht begründet, d. h. nur zu berücksichtigen ist, wenn der Betroffene sich im Verfahren darauf beruft". Ähnlich äußern sich

---

[24] In d. F. vom 1. Oktober 1974 (BGBl. I S. 2413).
[25] In d. F. vom 3. Januar 1977 (BGBl. I S. 21).
[26] In d. F. vom 3. Januar 1977 (BGBl. I S. 1).
[27] In d. F. vom 19. August 1975 (BGBl. I S. 2273).
[28] In d. F. vom 18. Dezember 1979 (BGBl. I S. 2262).
[29] Vom 27. Dezember 1974 (BGBl. I S. 3698).
[30] Vgl. dazu: OVG Münster, NJW 1982, 1661 f.
[31] Vom 14. Juli 1953 (BGBl. I S. 591).
[32] In d. F. vom 28. März 1980 (BGBl. I S. 386).
[33] Vgl. dazu: VG Münster, NJW 1981, 1467.
[34] In d. F. vom 13. Februar 1976 (BGBl. I S. 289).
[35] Vgl. zum Anwendungsbereich dieser Vorschrift: *Knopp / Fichtner*, § 113 BSHG, Rdnr. 1. Vgl. dazu, daß die Verjährungsvorschrift des § 45 Sozialgesetzbuch Allgemeiner Teil — und damit auch die Vorschrift des § 45 Abs. 2 SGB AT über die Verjährungswirkung — hier nicht gilt: *Mergler / Zink*, § 113 BSHG, Anm. IV 1.
[36] Vom 10. Juli 1961 (BGBl. I S. 881).
[37] Vgl. dazu: BVerwG, NJW 1982, 2681 f.
[1] *Kopp*, § 53 VwVfG, Rdnr. 27.

Herzog / Schick[2], wonach „die Verjährung . . . im allgemeinen — auch im Verwaltungsrecht — nur eine Einrede begründet . . .". *Zweifel*[3] führt aus, da „keiner der aufgezählten Gründe für eine Berücksichtigung des Fristablaufs von Amts wegen stichhaltig (sei) und die Verjährung den gleichen Sinn (habe) wie im Privatrecht, (sei) eine Abweichung von der privatrechtlichen Regelung kaum gerechtfertigt". Ferner meint *Schultzenstein*[4], im Verwaltungsrecht sei „die Geltendmachung der Verjährung durch den Verpflichteten erforderlich", sie sei „ohne Geltendmachung nicht zu berücksichtigen". Der Meinung, die verwaltungsrechtliche Verjährung führe grundsätzlich nicht zum Erlöschen einer Forderung und gewähre dem Verpflichteten lediglich ein Einrederecht, sind auch *Wallerath*[5], *Schmalz*[6], *Ule*[7], *Vogel*[8], *Stelkens*[9] und *Dörr*[10].

2. Wohl überwiegend wird jedoch die gegenteilige Ansicht vertreten. So ist *Maas*[11] der Ansicht, „daß es zum Eintritt der Verjährungsfolgen der Erhebung einer Einrede nicht bedarf". Danach „hat der Richter nur zu erforschen, ob die Frist abgelaufen ist; hat er diese Feststellung gemacht, so hat er die Verjährung von Amts wegen zu berücksichtigen, da ja nur der Zeitablauf allein entscheidend ist". Nach *Koschnick*[12] wird der Verwaltungsrichter bei der Ausfüllung von Lücken im Verwaltungsrecht „die Verjährung im Verwaltungsstreitverfahren von Amts wegen zu berücksichtigen haben und der Verjährung somit, da ein Einrederecht nicht erforderlich ist, eine zum unmittelbaren Erlöschen der Rechtsbeziehungen führende Wirkung beilegen". Auch *Schack*[13] ist der Meinung, daß „im öffentlichen Recht . . . die Verjährung im allgemeinen von Amts wegen zu berücksichtigen ist". *Dietlein* führt aus, im öffentlichen Recht bewirke die Verjährung „das Erlöschen des Anspruchs schlechthin und (sei) demgemäß von Amts wegen zu beachten"; dies mache die „Wesensunterschiede" aus, „die das Rechtsinstitut der Verjährung im öffentlichen und im privaten Recht (kennzeichneten)"[14]. Ebenso ist nach *Forsthoff*[15] die Verjährung „nicht

---

2 *Herzog / Schick*, S. 122.

3 *Zweifel*, S. 55.

4 *Schultzenstein*, Verw.Arch. 17 (1909), 1 (18).

5 *Wallerath*, S. 142.

6 *Schmalz*, S. 255.

7 *Ule / Laubinger*, S. 260 f.

8 *Vogel*, S. 104.

9 *Stelkens*, in: Stelkens / Bonk / Leonhardt, § 53, Rdnr. 4 f. für die „materiell-rechtliche Verjährung", die von der „abgabenrechtlichen Verjährung" unterschieden wird.

10 *Dörr*, DÖV 1984, 12 (17).

11 *Maas*, S. 83.

12 *Koschnick*, S. 63.

13 *Schack*, BB 1954, 1037.

als Einrede, sondern von Amts wegen zu berücksichtigen". Ähnlich, aber nicht einschränkungslos, äußert sich *Hefermehl*[16], wonach „in der Regel... hier die Verjährung von Amts wegen zu berücksichtigen sein (wird)". Vorsichtig auch *Johannsen*[17], nach dem „viel dafür (spricht) anzunehmen, daß die Verjährung im öffentlichen Recht von Amts wegen zu berücksichtigen ist...". Der Meinung, der Ablauf der Verjährungsfrist sei im Verwaltungsrecht von Amts wegen und nicht nur einredeweise zu beachten, sofern nicht eine gegenteilige gesetzliche Regelung eingreife, sind auch *Meier-Branecke*[18], *Heinrichs*[19], *von Feldmann*[20], *Dilcher*[21], *Augustin*[22], *Wittern*[23] und *Nebinger*[24].

II. Der Rechtsprechung läßt sich eine klare Entscheidung für eine der genannten Ansichten nicht entnehmen.

Das Bundesverwaltungsgericht hat — soweit ersichtlich — zu dem Problem noch nicht ausdrücklich Stellung bezogen. Gelegentlich hat es zwar von „Einrede der Verjährung"[25] oder von „Verjährungseinrede"[26] gesprochen. Dem läßt sich aber wohl nichts Eindeutiges dafür entnehmen, nach diesen Entscheidungen sei die verwaltungsrechtliche Verjährung bei fehlender gesetzlicher Regelung nur auf Einrede des Betroffenen zu berücksichtigen[27]. Denn in den vom Bundesverwaltungsgericht entschiedenen Fällen stellte sich die dargelegte Frage nach der Verjährungswirkung nicht, weil dort die Verjährung (und zwar jeweils von einer Behörde) geltend gemacht worden war, so daß es nahelag, die gängigen Begriffe „Einrede der Verjährung" bzw. „Verjährungseinrede" zu verwenden.

Das Bundessozialgericht[28] hat die Verjährung beim Anspruch des Versicherungsträgers auf rückständige Beiträge (§ 29 Abs. 1 RVO) von Amts wegen, bei den Ansprüchen auf Rückerstattung von Beiträgen

---

14 *Dietlein*, DÖV 1967, 804 (805).

15 *Forsthoff*, S. 193.

16 *Erman / Hefermehl*, § 222, Rdnr. 10.

17 BGB-RGRK-*Johannsen*, vor § 194, Rdnr. 11.

18 *Meier-Branecke*, AöR NF 11 (1926), 230 (253).

19 *Palandt / Heinrichs*, § 222, Anm. 4.

20 *von Feldmann*, in: Münchener Kommentar, § 222 Rdnr. 2.

21 *Staudinger / Dilcher*, § 194, Vorbem. 4 a sowie § 222, Rdnr. 24.

22 *Soergel / Augustin*, vor § 194, Rdnr. 7.

23 *Wittern*, S. 51.

24 *Nebinger*, S. 43.

25 BVerwG 23, 166 ff.; 42, 353 ff.; ebenso: OVG NW, RiA 1974, 127 (129); VG Schleswig, MDR 1969, 958.

26 BVerwGE 50, 102 (114).

27 So aber VG Stuttgart, NVwZ 1982, 578 und *Dörr*, DÖV 1984, 12 (16).

28 BSGE 22, 173 (176 ff.).

und auf Leistungen des Versicherungsträgers (§ 29 Abs. 2 und 3 RVO) dagegen nur auf Einrede berücksichtigt.

In der obergerichtlichen Rechtsprechung wird teils angenommen, daß „die Rechtswirkungen der Verjährung gerade in der Entstehung eines Leistungsverweigerungsrechts zugunsten des sich auf die Verjährung berufenden Schuldners bestehen"[29], teils ausgeführt, „im Gegensatz zum bürgerlichen Recht (führe) die Verjährung im öffentlichen Recht hingegen nicht zu einem einredeweise geltend zu machenden Leistungsverweigerungsrecht, sondern zum Erlöschen des Anspruchs", was von Amts wegen zu beachten sei[30].

§ 6 Verjährungswirkung und Untersuchungsgrundsatz

I. Die Frage, ob bei Fehlen einer entsprechenden verwaltungsrechtlichen Verjährungsvorschrift die Verjährung im Prozeß von Amts wegen zu berücksichtigen ist, beantwortet sich möglicherweise nicht nach materiellem Verwaltungsrecht, sondern nach der Verwaltungsprozeßordnung.

Diese Auffassung hat das Preußische Oberverwaltungsgericht vertreten und aus dem das Verwaltungsstreitverfahren beherrschenden Untersuchungsgrundsatz die Berücksichtigung der Verjährung von Amts wegen gefolgert. Es hat ausgeführt: „Dabei mag noch hervorgehoben werden, daß die Natur der in § 87 Nr. 2 des Kommunalabgabengesetzes aufgestellten Frist als Verjährungsfrist an sich den Verwaltungsrichter nicht hindert, die Einhaltung der Frist auch von Amts wegen zu prüfen. Denn das Verwaltungsstreitverfahren beruht nicht auf der Verhandlungsmaxime und der Verwaltungsrichter ist nicht an das tatsächliche Vorbringen der Parteien gebunden, er kann vielmehr auch tatsächliche Umstände berücksichtigen und zum Gegenstande der Erörterung machen, welche von den Parteien übersehen und nicht geltend gemacht worden sind ...[1]." Dem ist das Schrifttum teilweise gefolgt[2].

II. Im Gegensatz zum Zivilprozeß, der vom Verhandlungs- bzw. Beibringungsgrundsatz beherrscht wird, also den Parteien im wesentlichen die Sammlung und den Vortrag der für die Entscheidung erheblichen

---

[29] OVG Rheinland-Pfalz, DÖD 1982, 45 f.; gegen eine Berücksichtigung der verwaltungsrechtlichen Verjährung von Amts wegen auch VG Stuttgart, NVwZ 1982, 578.

[30] OVG Koblenz, NJW 1973, 1341 (1343); ebenso: OVG NW, Der Betrieb 1973, 2241; für eine Berücksichtigung der verwaltungsrechtlichen Verjährung von Amts wegen auch VG Münster, NJW 1981, 1467.

[1] Pr. OVGE 38, 131 (137 f.); Pr. OVG, Pr. Verw.Bl. 22 (1900/01), 109 f.

[2] Vgl. die Nachweise bei *Schultzenstein*, Verw.Arch. 17 (1909), 1 (10).

Tatsachen überläßt[3] (vgl. §§ 138, 282, 288 ZPO), gilt im Verwaltungsprozeß der Untersuchungsgrundsatz[4]: „Das Gericht erforscht den Sachverhalte von Amts wegen; die Beteiligten sind dabei heranzuziehen. Es ist an das Vorbringen und an die Beweisanträge der Beteiligten nicht gebunden (§ 86 Abs. 1 VwGO)[5]."

Der Untersuchungsgrundsatz gibt wegen des hier bestehenden öffentlichen Interesses an der sachlichen Richtigkeit der Entscheidung dem Gericht die Erforschung und Klärung des Sachverhalts von Amts wegen auf[6]. Dabei kommen als Aufklärungs- und Beweismittel alle Erkenntnismittel in Betracht, die nach allgemeiner Erfahrung oder wissenschaftlicher Erkenntnis geeignet sein können, das Gericht vom Vorhandensein der entscheidungserheblichen Tatsachen zu überzeugen[7].

Wie sich aus dem klaren Wortlaut des § 86 Abs. 1 VwGO ergibt, betrifft der Untersuchungsgrundsatz aber allein die Klärung des Sachverhalts[8]. Bei der Frage, ob die Verjährung von Amts wegen oder erst auf Einrede des Beklagten zu berücksichtigen ist, geht es als Rechtsfrage indessen nicht um den Sachverhalt.

Abgesehen davon würde die Berücksichtigung der Verjährung von Amts wegen in den Willen des Verpflichteten, der sich der Verjährung aus gutem Grunde nicht bedienen mag[9], eingreifen. Das bedeutete nicht mehr bloß, den Sachverhalt von Amts wegen zu erforschen und dazu die Beteiligten heranzuziehen, ohne an deren Vorbringen und Beweisanträge gebunden zu sein, sondern „hieße, sich hinsichtlich der Verjährung ganz an die Stelle der einen Partei setzen und deren insoweit

---

[3] *Rosenberg / Schwab*, S. 435 ff.; *Hartmann*, in: Baumbach / Lauterbach / Albers / Hartmann, Grundz. § 128 ZPO, Anm. 3; *Thomas / Putzo*, Einl. I 1 a.

[4] *Ule*, S. 129 ff.; *Redeker / von Oertzen*, § 86, Rdnr. 1, 7 ff.; ausführlich: *Grunsky*, S. 163 ff.; *Kropshofer*, S. 20 ff.

[5] Entsprechende Vorschriften enthalten § 103 Sozialgerichtsgesetz und § 76 Abs. 1 Finanzgerichtsordnung. Die Hinweispflicht des Vorsitzenden nach § 86 Abs. 3 VwGO (dazu näher unten, § 12 II) ist nicht Ausfluß der Untersuchungsmaxime, sondern lediglich die gesetzliche Fixierung einer in jedem Verfahren geltenden Rechtspflicht des Gerichts, vgl. *Baur*, in: Rechtsschutz im Sozialrecht, S. 35 (38, 40 ff.); *Redeker / von Oertzen*, § 86, Rdnr. 17; *Grunsky*, S. 178.

[6] *Kopp*, § 86 VwGO, Anm. 1; *Thomas / Putzo*, Einl. I 2; *Meyer-Ladewig*, § 103 SGG, Rdnr. 1.

[7] BVerwGE 17, 342 (345); BVerwG, Buchholz 442.10 § 4 StVG Nr. 62.

[8] Vgl. *Grunsky*, S. 163 ff.; *Kropshofer*, S. 44; *Baur*, in: Rechtsschutz im Sozialrecht, S. 35 (37, 39); *Redeker / von Oertzen*, § 86, Rdnr. 1 u. 7; *Eyermann / Fröhler*, § 86, Rdnr. 1; *Ule*, S. 130; *Meyer-Ladewig*, § 103 SGG, Rdnr. 3; *Peters / Sautter / Wolff*, § 103 SGG, Anm. I; *Hübschmann / Hepp / Spitaler*, § 76 FGO, Rdnr. 2 ff.; *Tipke / Kruse*, § 76 FGO, Rdnr. 2; vgl. auch BVerwG, Buchholz 310 § 86 Abs. 1 VwGO Nr. 137: „tatsächliche Feststellungen" sowie BVerwGE 17, 342 (345): „Vorhandensein der entscheidungserheblichen Tatsachen".

[9] Vgl. dazu ausführlich unten, § 8 II.

sachlich entscheidenden Willen nicht mehr entscheiden zu lassen. Das kann und soll die Untersuchungsmaxime nicht bewirken[10]."

Im übrigen bestehen gegen die dargelegte Ansicht auch deshalb Bedenken, weil zahlreiche vermögensrechtliche Ansprüche des Verwaltungsrechts den Zivilgerichten zur Entscheidung zugewiesen sind, etwa die vermögensrechtlichen Ansprüche aus Aufopferung für das gemeine Wohl und aus öffentlich-rechtlicher Verwahrung sowie die Schadensersatzansprüche aus der Verletzung öffentlich-rechtlicher Pflichten, die nicht auf einem öffentlich-rechtlichen Vertrag beruhen (§ 40 Abs. 2 Satz 1 VwGO)[11]. Folglich wäre die Zuweisung einer Streitigkeit entweder zum Zivilprozeß (mit der Verhandlungsmaxime) oder zum Verwaltungsprozeß (mit der Untersuchungsmaxime) für die Frage der Berücksichtigung von Amts wegen entscheidend. Dies hätte die unerwünschte Folge, daß die vermögensrechtlichen Ansprüche des Verwaltungsrechts hinsichtlich ihrer Verjährungswirkung bei fehlender gesetzlicher Regelung — ohne erkennbare Notwendigkeit — unterschiedlich behandelt werden müßten[12].

Zudem beruht die Notwendigkeit, sich auf die bürgerlichrechtliche Verjährung berufen zu müssen, trotz des historischen Zusammenhangs der Einrede mit dem römischen Formularprozeß[13] und obwohl die Verjährung früher überwiegend nicht als Anspruchsverjährung, sondern als „Klageverjährung" bezeichnet wurde — was das Mißverständnis nahelegte, das spezifische Moment der Klagebefugnis bilde den Gegenstand der Verjährung[14] — darauf, daß durch die materiell-rechtliche Regelung des § 222 Abs. 1 BGB der Verjährung ein Einredecharakter beigelegt wurde und nicht etwa auf (zivil-)prozessualen Gründen[15].

Ob ein Verfahren vom Untersuchungs- oder Verhandlungsgrundsatz beherrscht wird, hat deshalb auf die Beantwortung der Frage, ob die Verjährung im Prozeß von Amts wegen oder nur auf eine Einrede des

---

[10] So zutreffend *Schultzenstein*, Verw.Arch. 17 (1909), 1 (20).

[11] Vgl. zu den von § 40 Abs. 2 Satz 1 VwGO erfaßten und zu weiteren im ordentlichen Rechtsweg zu verfolgenden vermögensrechtlichen Ansprüchen des Verwaltungsrechts: *Redeker / von Oertzen*, § 40 VwGO, Anm. 42 ff.

[12] Kritisch zu einem vergleichbaren Problem, nämlich dem „erstaunlichen Fazit" der Rechtsprechung des Bundesverwaltungsgerichts, „daß es letztlich die gesetzliche Zuweisung eines öffentlich-rechtlichen Anspruchs in den Zivil- oder Verwaltungsrechtsweg ist, die zugleich über die gänzlich andere Frage mitentscheidet, ob nämlich der Verwaltnug die Handlungsform des hoheitlichen Verwaltungsakts und Verwaltungsvollzugs zur Durchsetzung der in Betracht kommenden Ansprüche zustehe oder nicht", *Rupp*, in: Festgabe Bundesverwaltungsgericht, S. 539 (550).

[13] Unten, § 8 I 2.

[14] Vgl. *Mugdan*, S. 512, 541.

[15] Vgl. dazu im einzelnen unten, § 8.

Schuldners zu beachten ist, keinerlei Einfluß[16]. Das Preußische Oberverwaltungsgericht hat seine gegenteilige Meinung in einer späteren
Entscheidung ausdrücklich aufgegeben[17] und seitdem nicht mehr vertreten[18].

§ 7 Verjährungswirkung und analoge Anwendung verwaltungsrechtlicher Vorschriften

Die sich bei fehlender gesetzlicher Regelung stellende Frage, ob die
verwaltungsrechtliche Verjährung von Amts wegen oder erst auf Einrede des Schuldners zu berücksichtigen ist, kann möglicherweise dadurch gelöst werden, daß diese Gesetzeslücke durch eine entsprechende
Anwendung anderer Vorschriften geschlossen wird.

Wenn zur Schließung einer Gesetzeslücke im Verwaltungsrecht —
wie hier — die ergänzende Heranziehung sowohl von Privatrecht (§ 222
Abs. 1 BGB) als auch von verwaltungsrechtlichen Vorschriften in Betracht kommt, sind vorrangig die Bestimmungen des Verwaltungsrechts
heranzuziehen[1]. Dies entspricht dem Grundsatz, daß „jedes Rechtssystem aus sich selbst zu ergänzen"[2] ist. *Meier-Branecke*[3] führt hierzu
zutreffend aus, „wenn eine Frage des öffentlichen Rechts vom Gesetzgeber nicht geregelt (sei, müsse) unter allen Umständen erst sorgfältig
geprüft werden, ob nicht Sätze des öffentlichen Rechts im Wege der
Analogie herangezogen werden können; denn es (verstehe) sich von
selbst und (bedürfe) keiner weiteren Ausführung, daß solche im Durch-
schnitt zur Ausfüllung von Lücken des öffentlichen Rechts geeigneter
(seien) als Sätze des Privatrechts, weil sie in höherem Maße auf die
Eigenarten öffentlich-rechtlicher Verhältnisse zugeschnitten (seien)".

I. Das Wesen und die Voraussetzungen der analogen Anwendung
einzelner Rechtssätze oder der aus einer Mehrzahl einzelner Rechtsvorschriften entwickelten allgemeinen Prinzipien auf ungeregelte Sachverhalte ist weitgehend geklärt. Ihre Zulässigkeit wird heute nicht mehr
in Zweifel gezogen[4].

---

[16] *Schultzenstein*, Verw.Arch. 17 (1909), 1 (18 ff.); *Kormann*, Pr. Verw.Bl. 33
(1911/12), 694 (697); *Maas*, S. 84 f.; *Koschnick*, S. 59 f.

[17] Pr. OVGE 58, 116 (117 f.).

[18] Vgl. z. B. Pr. OVGE 67, 92 (94); Pr. OVG, Pr. Verw.Bl. 35 (1913/14), 142 f.

[1] *Enneccerus / Nipperdey*, S. 237; *Koschnick*, S. 39 ff.; BVerwGE 16, 68, 69;
21, 302, 303 (für die Vererblichkeit öffentlich-rechtlicher Ansprüche).

[2] *Fleiner*, S. 55 f.

[3] *Meier-Branecke*, AöR N. F. 11 (1926), 230 (244).

[4] *Larenz*, Methodenlehre, S. 354 ff., 365 ff.; *Enneccerus / Nipperdey*, S. 339 ff.;
Achterberg, S. 249 ff.; *Bull*, S. 164 f.; *Menger*, S. 68 ff.; *Simons*, S. 88. Vgl. zur
Anerkennung der Analogie im römischen Recht und ihrer seither zunehmen-
den Durchsetzung: *von Gehe*, Fischers Zeitschrift 34 (1908), S. 134 (138 ff.).

Methodisch ergeben sich bei der analogen Anwendung verwaltungsrechtlicher Vorschriften grundsätzlich keine Besonderheiten. Denn da die Rechtsanwendung im Verwaltungsrecht ein spezieller Fall der Rechtsanwendung überhaupt ist, gelangen auch im Verwaltungsrecht die allgemeinen Regeln der Rechtsfindung zur Anwendung[5].

Danach ist Analogie zu kennzeichnen als eine „Ausdehnung der aus dem Gesetz zu entnehmenden Prinzipien auf Fälle, die den im Gesetz entschiedenen rechtsähnlich sind, d. h. ihnen in den für den Grund der Entscheidung maßgebenden Teilen gleichen"[6], sie bedeutet eine Gleichsetzung zweier Sachverhalte, die einander nicht in jeder Hinsicht gleich, sondern nur „ähnlich sind"[7]. Ist eine hinreichende Ähnlichkeit des im Gesetz geregelten und des im Einzelfall zu regelnden Tatbestandes erkannt, so sind diesen die gleichen Rechtsfolgen zuzuordnen[8]. Diese Ähnlichkeit setzt die Deckung durch den Normzweck sowie die Gleichheit der Interessenlage voraus[9].

Die Rechtfertigung der Analogie ist mit *Larenz*[10] letztlich in einem Postulat der Gerechtigkeit zu finden, Gleichartiges auch rechtlich gleich zu behandeln.

Im einzelnen zu unterscheiden sind die vom einzelnen Rechtssatz ausgehende Gesetzesanalogie und die Rechtsanalogie, nach der durch Induktionsschluß aus einer Mehrzahl einzelner Rechtsvorschriften allgemeine Prinzipien entwickelt werden, die dann auf den im Einzelfall zu entscheidenden, unter keinen der Rechtssätze fallenden Sachverhalt zur Anwendung gebracht werden[11].

II. Der Weg, Lücken des positiven verwaltungsrechtlichen Verjährungsrechts durch eine analoge Heranziehung vorhandener verwaltungsrechtlicher Verjährungsvorschriften zu schließen, wird in der Literatur durchweg abgelehnt, weil diese Vorschriften für eine analoge Anwendung zu speziell seien[12]. Dies gelte insbesondere auch für die

---

[5] *Forsthoff*, S. 158; *Krawietz*, S. 60 f.; OVG Münster, DVBl. 1980, 885 (886).

[6] *Enneccerus / Nipperdey*, S. 339; OVG Koblenz, NJW 1973, 1341 (1342).

[7] So *Larenz*, Methodenlehre, S. 365.

[8] *Nebinger*, S. 39; *Menger*, S. 68 ff.; *Wolff / Bachof*, S. 163.

[9] *Achterberg*, S. 250 f. Vgl. auch *Menger:* Die Analogie stellt ein „teleologisches Verfahren dar, arbeitet also mit dem Rechtsgedanken einer Vorschrift" (S. 68). Die „juristische Konstruktion der Analogie ist letztlich nur eine Konsequenz aus dem zu prüfenden und wertenden Vergleich der beiderseitigen Interessenlagen" (S. 70).

[10] *Larenz*, Methodenlehre, S. 359, 365.

[11] *Menger*, S. 68; *Wolff / Bachof*, S. 163; *Enneccerus / Nipperdey*, S. 339 f.; *Simons*, S. 89; *Bull*, S. 165. *Larenz*, Methodenlehre, S. 368, verwendet das Begriffspaar „Einzelanalogie — Gesamtanalogie".

[12] *Forsthoff*, S. 174; *Schack*, BB 1954, 1037 (1040); *Maas*, S. 49; *Koschnick*, S. 43 ff.; *Meier-Branecke*, AöR N. F. 11 (1926), 230 (245 ff.).

Verjährungsvorschriften der Abgabenordnung[13], die zwar wegen ihrer Ausführlichkeit an sich zur Lückenschließung geeignet sein könnten, aber „viel zu positiv-rechtlich" und auf die besondere „Eigenart der Steuerschuld zugeschnitten"[14] seien. Dieser generellen Ablehnung ist allerdings nicht zu folgen; sie vernachlässigt die hier erforderliche Differenzierung.

1. Verjährungsvorschriften des Verwaltungsrechts sind entgegen dieser Ansicht nicht generell ungeeignet, im Wege der Analogie Lücken in öffentlich-rechtlichen Gesetzen zu schließen.

So hat das OVG Münster in ständiger Rechtsprechung vertreten, daß „Lücken des Kommunalabgabengesetzes zur Frage der Verjährung wegen der öffentlich-rechtlichen Natur der darin genannten Ansprüche in erster Linie nach den Bestimmungen der Abgabenordnung zu schließen sind"[15]. Ferner wurde in der Rechtsprechung etwa die Frage der Verjährungsfrist des öffentlich-rechtlichen Erstattungsanspruchs einer Gemeinde auf Ersatz der für die Herstellung von Hausanschlußleitungen aufgewendeten Kosten (sog. Hausanschlußkostenerstattungsanspruch) durch die analoge Anwendung der in § 144 AO für Steuern festgelegten Verjährungsfristen[16] bzw. durch eine Analogie zu einer für Kanalbaubeiträge geltenden Verjährungsfrist[17] gelöst.

2. Für die hier zu entscheidende Frage, ob bei fehlender gesetzlicher Regelung die verwaltungsrechtliche Verjährung von Amts wegen zu berücksichtigen ist oder nicht, scheidet aber die Ausfüllung dieser Gesetzeslücken durch eine analoge Anwendung öffentlich-rechtlicher Vorschriften über die Verjährungswirkung regelmäßig aus.

Eine Rechtsanalogie[18] derart, daß aus den einzelnen Vorschriften der öffentlich-rechtlichen Gesetze über die Wirkung der verwaltungsrechtlichen Verjährung ein allgemeines, auch auf nichtgeregelte Fälle anzuwendendes Prinzip abzuleiten wäre, ist nicht möglich. Denn diese Vorschriften ergeben — wie dargelegt[19] — kein einheitliches Bild; eine für das Verwaltungsrecht typische Wirkung der Verjährung läßt sich ihnen nicht entnehmen. Aber auch eine Gesetzesanalogie[20] durch Heran-

---

[13] *Koschnick*, S. 43 f.; *Maas*, S. 49; *Forsthoff*, S. 174; *Schack*, BB 1954, 1037 (1040).

[14] *Meier-Branecke*, AöR N. F. 11 (1926), 230 (246).

[15] OVG Münster, Der Betrieb 1973, 2241; vgl. auch OVGE 25, 212.

[16] OVG Münster, Gemeindetag 1971, 221 (Verjährungsfrist: 5 Jahre); OVG Lüneburg, KStZ 1970, 12 f. (Verjährung jedenfalls nach 10 Jahren).

[17] So unter Ablehnung einer analogen Anwendung von § 144 AO: OVG Koblenz, NJW 1973, 1341 ff. (Verjährungsfrist: 3 Jahre).

[18] Oben, § 7 I.

[19] Oben, § 4 I 2.

[20] Oben, § 7 I; unten, § 11 I 2.

ziehung einer dieser verwaltungsrechtlichen Vorschriften kommt nur im Ausnahmefall in Betracht:

Auszugehen ist mit dem OVG Münster[21] davon, daß die im Verwaltungsrecht vorhandenen Einzelregelungen über die Verjährung von Ansprüchen „auf andere Zweige des öffentlichen Rechts wegen deren besonderer Eigenart nicht ohne weiteres allgemein und unmittelbar übernommen werden können". Diese Auffassung, nach der in dieser Entscheidung etwa die Möglichkeit verneint wurde, Verjährungsregelungen des Abgabenrechts analog auf die Sonderabgabe nach § 17 G 131[22] anzuwenden, ist zutreffend, weil jeweils die Verschiedenheit der einzelnen Ansprüche und verwaltungsrechtlichen Rechtsbereiche beachtet werden muß. So führt etwa das Bundesverwaltungsgericht[23] aus, Lastenausgleichsansprüche, Ansprüche aus der Sozialversicherung, aus dem Bundesversorgungsgesetz, aus dem Bundesentschädigungsgesetz oder aus beamtenrechtlichen Beihilfevorschriften wichen ihrer Zweckbestimmung nach so weit von der Sozialhilfe und auch untereinander ab, daß ein Rückgriff auf die einschlägigen Vorschriften nur eine Scheinbegründung darstellen würde.

Andererseits gibt es Ansprüche, die eine für eine Analogie hinreichende Ähnlichkeit zu denjenigen Ansprüchen aufweisen, für die eine ausdrückliche Verjährungsvorschrift vorhanden ist. Dies belegt die erwähnte Rechtsprechung[24], die auf Kommunalabgaben bzw. auf den gemeindlichen Hausanschlußkostenerstattungsanspruch das Verjährungsrecht der Abgabenordnung analog anwendet. Konsequenterweise müßte in diesen Fällen damit auch § 232 AO[25], wonach durch die Verjährung der Anspruch aus dem Steuerschuldverhältnis und die von ihm abhängenden Zinsen erlöschen, was zur Folge hat, daß der Eintritt der Verjährung von Amts wegen zu berücksichtigen ist[26], analog angewendet werden[27].

---

[21] OVG Münster, OVGE 21, 247 (248).

[22] Gesetz zur Regelung der Rechtsverhältnisse der unter Art. 131 GG fallenden Personen i.d.F. vom 13. Oktober 1965 (BGBl. I S. 1686).

[23] BVerwGE 25, 23, 27 (für die Vererblichkeit eines Anspruchs auf Blindenhilfe nach § 67 BSHG).

[24] Oben, § 7 II 1.

[25] Abgabenordnung (AO 1977) vom 16. März 1976 (BGBl. I S. 613).

[26] *Hübschmann / Hepp / Spitaler*, § 232 AO, Rdnr. 3; *Tipke / Kruse*, § 232 AO, Rdnr. 3.

[27] Das OVG Münster hat § 153 RAO (Erlöschen von steuerrechtlichen Erstattungsansprüchen) auf den öffentlich-rechtlichen Erstattungsanspruch hinsichtlich einer zu Unrecht geleisteten Anliegerbeitragszahlung entsprechend angewendet (OVGE 21, 198, 201 f.); dem folgt das Bundesverwaltungsgericht, NVwZ 1982, 377. Ausdrücklich angeordnet wird die entsprechende Anwendung von § 232 AO auf Kommunalabgaben von § 12 Abs. 1 Nr. 5 a Kommunalabgabengesetz NW (vom 21. Oktober 1969, GV NW S. 712).

Zu betonen ist jedoch, daß eine solche analoge Anwendung einer verwaltungsrechtlichen Vorschrift über die Wirkung der Verjährung nur in ganz seltenen Ausnahmefällen möglich sein wird.

a) Bereits die für eine Analogie erforderliche Feststellung, daß derjenige Anspruch, der (möglicherweise) verjährt ist, eine Regelung der Verjährungswirkung aber nicht erfahren hat, eine hinreichende Ähnlichkeit[28] zu demjenigen Anspruch aufweist, für den eine Vorschrift über die Verjährungswirkung vorliegt, ist nicht leicht zu treffen.

Dies zeigt sich gerade bei den Abgabenforderungen. Innerhalb der vermögensrechtlichen Ansprüche des Verwaltungsrechts kommt den sog. Abgabenforderungen[29] (Steuern, Beiträge, Gebühren)[30] eine Sonderstellung zu; sie haben nämlich anders als die sog. Ausgleichsforderungen[31] (Erstattungs-, Schadensersatz- und Regreßforderungen)[32], die dem Ausgleich einer mit dem Recht nicht mehr übereinstimmenden Vermögenslage dienen und anders als die auf verwaltungsrechtlichen Verträgen[33] beruhenden Forderungen, sämtlich den Zweck, dem Staat die notwendigen Finanzmittel für seine Aufgaben zur Verfügung zu stellen[34] und beruhen allesamt auf der Finanzhoheit des Staates[35]. Selbst diese signifikanten Gemeinsamkeiten der Abgabenforderungen lassen aber den Schluß, bei sämtlichen Abgabenforderungen sei § 232 AO analog anzuwenden, nicht ohne weiteres zu. Vielmehr können bei der Frage der analogen Anwendung von Verjährungsrecht innerhalb des Abgabenrechts weitere Unterschiede und Gemeinsamkeiten der Abgabenforderungen zu beachten sein, etwa, ob beide miteinander zu vergleichenden Ansprüche auf Erstattung gemeindlicher Aufwendungen gerichtet sind, ob an sich die Gemeinde oder eine Zivilperson die Erbringung derjenigen Leistung schuldet, für deren Vornahme nunmehr Ersatz verlangt wird, ob für den Verjährungsbeginn an die Zustellung eines die Erstattungspflicht konkretisierenden Bescheides anzuknüpfen ist, oder schließlich, ob es um eine Anschlußgebühr oder eine Benutzungsgebühr geht[36].

---

[28] Oben, § 7 I.

[29] *Löwenberg*, S. 21.

[30] Vgl. dazu im einzelnen: *Wolff / Bachof*, S. 306 ff.; *Achterberg*, S. 196 ff.; *Löwenberg*, S. 21, rechnet hierzu auch die Kosten, was aber nicht der üblichen Terminologie entspricht (vgl. nur § 80 Abs. 2 Nr. 1 VwGO, wo öffentliche Abgaben von Kosten unterschieden werden).

[31] *Löwenberg*, S. 21.

[32] Vgl. dazu im einzelnen: *Wolff / Bachof*, S. 336 ff.; *Erichsen / Martens*, S. 295 ff.; *Achterberg*, S. 582.

[33] Vgl. dazu *Wolff / Bachof*, S. 343 ff.; *Erichsen / Martens*, S. 268 ff.

[34] Vgl. *von Münch*, in: Erichsen / Martens, S. 22; *W. Jellinek*, S. 386; *Meier-Branecke*, AöR N. F. 11 (1926), 230 (246) führt aus, bei der Verjährung öffentlicher Abgaben werde das öffentliche Interesse am meisten berührt.

[35] *Löwenberg*, S. 21 - 27.

b) Der Weg, die Frage der Wirkung der verwaltungsrechtlichen Verjährung bei fehlender gesetzlicher Vorschrift dadurch zu beantworten, daß eine verwaltungsrechtliche Vorschrift über die Wirkung der Verjährung analog zur Lückenfüllung herangezogen wird, weist noch eine weitere Schwierigkeit auf.

Denn — wie dargelegt[37] — gibt es im Verwaltungsrecht sowohl Vorschriften, die die Berücksichtigung der Verjährung von Amts wegen vorschreiben, als auch solche, wonach der Schuldner die Verjährung einreden muß. Ein eindeutiges Ergebnis bei der Lückenschließung ist aber nur dann möglich, wenn nicht sowohl eine Vorschrift, nach der die Verjährung einredeweise geltend zu machen ist, als auch eine solche, wonach der verjährte Anspruch erlischt, im Wege der Analogie zur Lückenfüllung herangezogen werden kann. So könnte beispielsweise bei der Frage der Verjährungswirkung eines Anspruchs auf Zahlung von Kosten eine Analogie sowohl etwa zu § 10 Abs. 3 Gerichtskostengesetz[38] (Berücksichtigung der Verjährung nicht von Amts wegen)[39] als auch etwa zu § 20 Verwaltungskostengesetz[40] (Berücksichtigung der Verjährung von Amts wegen)[41] möglich sein, so daß eine zuverlässige Lückenschließung nicht erfolgen könnte.

Zweites Kapitel

Die Bestimmung der Wirkung der verwaltungsrechtlichen Verjährung durch Heranziehung bürgerlichen Rechts

Angesichts der unbefriedigenden Ergebnisse der im ersten Kapitel dargelegten Lösungsversuche, die verwaltungsrechtlichen Gesetzeslükken, die hinsichtlich der Verjährungswirkung bestehen, aus dem Verwaltungsrecht selbst heraus zu lösen, bleibt zu prüfen, ob das bürgerliche Recht zu Lösung herangezogen werden kann.

---

[36] Vgl. dazu im einzelnen: OVG Koblenz, NJW 1973, 1341 ff.; OVG Münster, NJW 1971, 1330 f. Allgemein zu der erforderlichen Berücksichtigung von „Besonderheiten des Kommunalabgabenwesens" im Rahmen einer entsprechenden Anwendung von Vorschriften der Abgabenordnung: OVGE 21, 198 ff.

[37] Oben, § 4 I 2.

[38] In d. F. vom 15. Dezember 1975 (BGBl. I S. 3047).

[39] Oben, § 4 I 2.

[40] Vom 23. Juni 1970 (BGBl. I S. 821); ebenso § 20 GebG NW vom 23. November 1971 (GV NW S. 354).

[41] Oben, § 4 I 2.

§ 8 Die Wirkung der bürgerlichrechtlichen Verjährung nach § 222 Abs. 1 BGB

I. Im Gegensatz zum Verwaltungsrecht bereitet im bürgerlichen Recht die erörterte Frage nach der Wirkung der Verjährung keine Schwierigkeiten.

Ihre Lösung findet sich in der ausdrücklichen Regelung des § 222 Abs. 1 BGB. Diese Vorschrift lautet: „Nach der Vollendung der Verjährung ist der Verpflichtete berechtigt, die Leistung zu verweigern."

Danach beseitigt die Vollendung der Verjährung, die den Ablauf der Verjährungsfrist ohne oder trotz Hemmung oder Unterbrechung erfordert, den Anspruch nicht; sie „gibt aber dem Verpflichteten das Recht zur Leistungsverweigerung"[1]. *Langheineken*[2] hat diese Wirkung plastisch wie folgt beschrieben: „In der Verjährung des Anspruches äußert sich der Einfluß der Zeit auf die Spannkraft der zwischen dem Berechtigten und dem Verpflichteten bestehenden Beziehung. Unter Einwirkung einer gewissen Dauer der Anspruchsverhältnisse erschlafft gewissermaßen das den Verpflichteten an den Berechtigten knüpfende Band. Die Verjährung bedeutet nicht eine Lösung, Zerreißung dieses Bandes — das ist die Wirkung des Zeitablaufes bei der gesetzlichen Befristung, des Ablaufens der Ausschlußfrist —, sondern nur eine Lockerung der Bindung."

1. Die dargelegte Wirkung des Zeitablaufs im Rahmen der Verjährung, also die Statuierung eines bloßen Leistungsverweigerungsrechts durch § 222 Abs. 1 BGB wird allgemein mit dem Ausdruck „Einrede der Verjährung" gekennzeichnet[3].

Allerdings ist in § 222 Abs. 1 BGB nicht die Rede von einer „Einrede"[4]. Demgegenüber lautete noch der Entwurf dieser Vorschrift (§ 182 Abs. 1): „Nach Vollendung der Verjährung steht dem Anspruche eine Einrede entgegen, durch welche die Geltendmachung des Anspruchs dauernd ausgeschlossen wird[5]." Hierzu heißt es in den Motiven: „Der Begriff der materiell-rechtlichen Einrede, welcher dem Entwurf auch sonst geläufig ist ..., gewährt eine feste Kategorie, welche jeder Un-

---

[1] *Palandt / Heinrichs*, § 222 BGB, Anm. 1.

[2] *Langheineken*, S. 160.

[3] Vgl. etwa *Larenz*, S. 229; *Enneccerus / Nipperdey*, S. 1430; *Staudinger / Dilcher*, § 222, Rdnr. 2; vgl. auch *von Tuhr*, AT I, S. 288: „Einrede ist die Befugnis dessen, der zu einer Leistung verpflichtet ist, diese Leistung zu verweigern. Besteht diese Befugnis nur vorübergehend, so ist die Einrede aufschiebend (dilatorisch); kann die Leistung dauernd verweigert werden, so ist die Einrede dauernd (peremtorisch)."

[4] Anders z. B. in §§ 202 Abs. 2, 390 S. 1, 813 Abs. 1 BGB.

[5] Vgl. *Mugdan*, S. C VI.

klarheit vorbeugt und die Zweifel ausschließt, zu welchen die Fassung einzelner Gesetze, insbesondere diejenige des öst. GB. Anlaß gegeben hat. Eines besonderen Hinweises auf die Verzichtbarkeit sowie darauf, daß der Richter die Verjährung nicht von Amts wegen zu berücksichtigen hat, bedarf es dabei nicht, weil die rechtliche Natur der Einrede beides von selbst mit sich bringt[6]."

Der Wegfall des Begriffs „Einrede" im Rahmen der Gesetzesberatungen bedeutet aber keine sachliche Änderung. In den Protokollen heißt es insofern: „... Der Antrag 1 bezweckte, indem er dem Verpflichteten nicht ausdrücklich eine ‚Einrede' beilegt, sondern den Inhalt seiner Befugnis mit dem sonst im Entwurf zur Kennzeichnung der materiellrechtlichen Einrede verwendeten Worten ‚Recht, die Leistung zu verweigern' zum Ausdruck bringt, die Fassung des Abs. 1 der sonstigen Redeweise des Gesetzes anzupassen, welcher sich des Ausdrucks ‚Einrede' nur da bedient, wo es allgemeine Bestimmungen über ‚Einreden' treffe, nicht aber da, wo er einzelne ‚Einreden' statuiere. Der Antragsteller zu 2 glaubte durch seine Formulierung ... deutlicher zum Ausdruck zu bringen, daß die aus der Verjährung erwachsende Befugnis des Verpflichteten nicht von Amts wegen zu berücksichtigen und daß Verzicht auf diese Befugnis zulässig sei. Die Kommission entschied für Beibehaltung der im Entwurf gewählten Fassung, nachdem von mehreren Seiten bemerkt war, daß gerade bei der Verjährung der Ausdruck ‚Einrede' sowohl im geltenden Recht wie im Sprachgebrauch des Lebens durchaus gebräuchlich und verständlicher sei als die vorgeschlagenen Umschreibungen[7]."

2. Der Charakter der bürgerlichrechtlichen Verjährung als Einrede (§ 222 Abs. 1 BGB) wirkt sich dahin aus, daß die zwangsweise Durchsetzung des Anspruchs gegen den Willen des Verpflichteten nicht möglich ist[8]. Erforderlich ist aber, daß der Schuldner Gebrauch von seinem Leistungsverweigerungsrecht macht, sich also auf die Verjährung beruft. Der Richter darf deshalb die Verjährung nur berücksichtigen, wenn der Beklagte sich auf sie — nach herrschender Meinung nicht notwendig im Prozeß, sondern auch außerhalb des Prozesses — berufen hat[9]. Es hängt vom Beklagten ab, ob er sein Einrederecht gebrauchen

---

[6] Vgl. *Mugdan*, S. 540.

[7] Protokolle der 2. Kommission, vgl. *Mugdan*, S. 793 f. Trotz dieses Beschlusses (Beibehalten der Fassung des Entwurfs) wurde — wohl versehentlich — die Fassung des Entwurfs mit dem Ausdruck „Einrede" nicht beibehalten (vgl. auch *Mugdan*, S. 795).

[8] *Larenz*, S. 230.

[9] Vgl. BGHZ 1, 234 (239); *Staudinger / Dilcher*, § 222, Rdnr. 8 ff.; *Palandt / Heinrichs*, Anm. 1 zu § 222 BGB; *Spiro*, S. 553 ff. Daß die Verjährungseinrede außergerichtlich erhoben werden kann, ist aus ihrem nicht prozeßrechtlichen,

will oder nicht. Ergibt sich also z. B. aus dem Vortrag des Klägers, daß seine Klage verjährt ist, beruft sich aber der Beklagte nicht darauf, so wird die Verjährung nicht berücksichtigt[10].

Die theoretische Haltbarkeit dieser Konstruktion, daß der Anspruch des Klägers existiert, aber durch den Willen des Beklagten unwirksam werden kann, wurde zwar teilweise kritisiert, hat aber „logisch nichts Befremdliches"[11] und ist im übrigen die vom Gesetzgeber des BGB angenommene Auffassung und deshalb verbindlich.

Die Notwendigkeit, sich auf eine Einrede ausdrücklich berufen zu müssen, ist dem Recht seit langem geläufig[12]. Die Verjährungseinrede steht — wie die übrigen Einreden des BGB[13] — in historischem Zusammenhang mit der römischen exceptio, ist aber mit diesem Begriff nicht identisch. Die exceptio hängt unlöslich zusammen mit der Struktur des römischen Formularprozesses: Gewisse den Beklagten befreiende Tatsachen mußten in der Formel besonders erwähnt und zu diesem Zweck im Verfahren vor dem Prätor vorgebracht werden, der sie als Ausnahme von seinem Kondemnationsbefehl, exceptio, in die Formel aufnahm, während andere befreiende Tatsachen ohne weiteres, ipso iure, vom judex berücksichtigt werden durften[14].

Daß die Verjährung nur ein Einrederecht gewährt, entspricht der vorherrschenden Rechtslage im gemeinen Recht[15] sowie der privatrechtlichen Rechtslage in Österreich, in der Schweiz, in Frankreich und in Italien[16].

II. Im Hinblick auf den Normzweck von § 222 Abs. 1 BGB fragt sich, warum die Verjährung nicht zu einer rechtsverneinenden oder rechtsaufhebenden Tatsache „erhoben"[17] wurde, sondern der Eintritt der Verjährungswirkung vom Willen des Verpflichteten in der Weise abhängig gemacht wurde, daß zu dem Zeitablauf noch ein Willensakt des Schuldners, die Erhebung einer Einrede, treten muß.

---

sondern materiellen Charakter herzuleiten, vgl. *Larenz*, S. 228 f.; *Weinrebe*, S. 11; *Seelig*, S. 65.

[10] *Enneccerus / Nipperdey*, S. 1386 f., 1430.

[11] *von Tuhr*, AT I, S. 290.

[12] Zur geschichtlichen Entwicklung des Einredebegriffs vgl. *Seelig*, S. 13 ff.

[13] Vgl. dazu: *Enneccerus / Nipperdey*, S. 1382 ff.; *Jahr*, JuS 1964, 125 ff., 218 ff., 293 ff.

[14] *Staudinger / Dilcher*, § 194, Rdnr. 12; *von Tuhr*, AT I, S. 288; *Seelig*, S. 14 ff.

[15] Vgl. *Mugdan*, S. 540; *Maas*, S. 19.

[16] Vgl. die Nachweise bei *Seelig*, S. 63 f. und bei *Spiro*, S. 553, Anm. 2.

[17] So die Formulierung bei *von Tuhr*, AT I, S. 291.

1. Hierzu heißt es in den Motiven zum Bürgerlichen Gesetzbuch[18]: „Die Wirkung der vollendeten Verjährung ist keine unmittelbare. Der in ihr liegende Schutz vor Behelligung mit einem veralteten Anspruch wird nur gewährt, soweit ein Bedürfnis vorhanden ist. Macht der als Verpflichteter in Anspruch Genommene vom gebotenen Schutz keinen Gebrauch, so liegt kein Grund vor, ihn aufzudrängen. Das bei der Verjährung gleichzeitig obwaltende öffentliche Interesse ist zur Genüge gewahrt, wenn der Einzelne jederzeit in der Lage ist, auf die Verjährung sich zu berufen und so seine Befreiung zu erzielen. Folge dieser Gestaltung ist einerseits, daß die Vollendung der Verjährung im Prozesse vom Richter nicht von Amts wegen berücksichtigt werden darf, andererseits, daß auf die vollendete Verjährung einseitig mit der Wirkung verzichtet werden kann, daß der Anspruch seine volle Kraft behält. Beide Sätze finden sich fast in allen Rechten anerkannt. Eine Verschiedenheit tritt, abgesehen von der Frage nach der sog. stärkeren oder schwächeren Wirkung der Verjährung, in der Hauptsache nur insofern hervor, als manche Gesetze neben jenen Sätzen aussprechen, daß der Anspruch durch den Ablauf der Verjährung erlischt, andere Gesetze auf die Aufstellung jener beiden Sätze sich beschränken, während man im gemeinen Rechte, ohne diese Sätze besonders zu betonen, der vollendeten Verjährung die Wirkung beilegt, daß sie eine peremtorische Einrede begründet (vgl. auch sächs. GB. § 170). Der Entwurf schließt sich in Abs. 1 dem letzteren Rechte an."

2. Dieser Begründung ist zu entnehmen, daß der Gesetzgeber das bei der Verjährung im Raum stehende Interesse des Verpflichteten und das öffentliche Interesse[19] bewertet hat. Er hat durch die Gestaltung der Verjährung in § 222 Abs. 1 BGB als Einrede („Kann-Recht"[20]) dem Willen des Schuldners den Vorrang vor dem öffentlichen Interesse eingeräumt. Denn dem öffentlichen Interesse wäre ja dann am besten im Sinne klarer Verhältnisse gedient, wenn ein Anspruch nach Ablauf einer bestimmten Frist kraft Gesetzes unterginge und die Herbeiführung der Rechtswirkung der Verjährung nicht dem Willen einer Person überlassen bliebe. Daß diese Abwägung in § 222 Abs. 1 BGB mit dem Ergebnis, maßgeblich auf den Willen des Schuldners

---

[18] *Mugdan,* S. 540.

[19] Vgl. *Enneccerus / Nipperdey,* S. 1399: „Der Verkehr erfordert aber eine klare Rechtslage. Dieses allgemeine öffentliche Interesse der Rechtssicherheit trifft zusammen mit dem Interesse des einzelnen." Vgl. zu den bei der Verjährung betroffenen Interessen, insbesondere dazu, daß der Gesetzgeber die Interessen des Gläubigers als nicht schutzwürdig außer Betracht ließ, oben, § 3 I 2.

[20] So *Jahr,* JuS 1964, 293 (295); *Weinrebe,* S. 10. Vgl. auch *Enneccerus /Nipperdey,* S. 1399, wonach die Verjährung dem Verpflichteten „in seine Macht gegeben" ist.

abzustellen, nicht eher zufällig, sondern bewußt vorgenommen wurde, ergibt sich neben der ausdrücklichen Begründung auch aus einer anderen, schon erwähnten Passage der Motive, wo es im Rahmen der Ausführungen zum Zweck der Verjährung heißt, „... der Schwerpunkt der Verjährung (liege) ... darin, daß dem Verpflichteten ein Schutzmittel gegeben wird ...".[21]

3. Dieses bewußte Abstellen auf den Willen des Schuldners durch § 222 Abs. 1 BGB läßt sich nur so erklären, daß diesem die ihn begünstigende Wirkung eines bestimmten Zeitablaufs nicht „aufgedrängt" werden soll, weil das Freiwerden von einer Verbindlichkeit allein durch Zeitablauf moralisch nicht unproblematisch ist[22].

So gibt es nach *von Tuhr*[23] „Tatbestände, bei denen es passender ist, die befreiende Wirkung vom Willen des Verpflichteten abhängen zu lassen. Dem Verpflichteten, der nicht erfüllen will, ist nicht immer jedes Mittel der Befreiung recht; es gibt Befreiungsgründe, die ihm nicht aufgedrängt werden sollten, weil sie ... mit einem materiellen oder moralischen Opfer für ihn verbunden sind; der Gesetzgeber handelt richtig, wenn er solche Befreiungsgründe als Gegenrechte konstruiert, deren Ausübung in den freien Entschluß des Verpflichteten gestellt ist. Das ist der Grund, weshalb die Aufrechnung in unserem Recht facto hominis wirkt, weshalb Irrtum, Zwang, Betrug nicht Nichtigkeit, sondern Anfechtbarkeit des Rechtsgeschäfts nach sich zieht, weshalb endlich die Verjährung als Einrede gestaltet ist: es muß dem Beklagten freigestellt sein, ob er seine Freisprechung dem moralisch nicht immer unbedenklichen Mittel der Verjährung verdanken will". Auch *Schultzenstein*[24] betont „die nicht seltenen Fälle, in denen von dem Einwande der Verjährung kein Gebrauch gemacht wird, weil dem Inanspruchgenommenen daran liegen kann und wegen seiner persönlichen Anschauung oder Stellung, mit Rücksicht auf die Anschauungen des Publikums, namentlich von Standesgenossen, zur Vermeidung einer

---

[21] Vgl. *Mugdan*, S. 512; oben, § 3 I 2.

[22] Neben dem Begriff „aufdrängen" bildet einen gewissen Anhaltspunkt auch die Formulierung der Motive (vgl. *Mugdan*, S. 541) wonach „für das natürliche Rechtsgefühl eine verjährte Schuld immer noch eine Schuld bleibt". Keine Stütze findet in den Motiven die demgegenüber von *Spiro*, S. 555 f. vertretene Auffassung, wonach für das Erfordernis, die Verjährung geltend zu machen, „allein" entscheidend sei „die Erwägung, daß mit dem bloßen Zeitablauf die Verjährung noch keineswegs (feststehe), der Kläger aber, solange der Beklagte sie nicht (anrufe), i.d.R. sich nicht veranlaßt (fühle), Hemmungs- und Unterbrechungsgründe geltend zu machen", so daß daher die Gefahr, namentlich auch bei den immer wichtigeren und häufigeren kurzen Verjährungsfristen, groß sei, daß „unverjährte Forderungen überraschend wegen Verjährung abgewiesen" würden.

[23] *von Tuhr*, AT I, S. 291.

[24] *Schultzenstein*, Verw.Arch. 17 (1909), 1 (20 f.).

Schädigung des guten Namens oder Kredits und aus sonstigen Gründen der verschiedensten Art wesentlich daran liegt, festgestellt zu sehen, daß er von der behaupteten Verpflichtung frei sei nicht wegen einer Verjährung mit ihrem oft unerfreulichen und wenig vornehmen Beigeschmacke, sondern weil die Verpflichtung gar nicht entstanden oder ihr genügt worden, sie erlassen ist oder dgl.". Nach *Heinrichs*[25] gilt es „in weiten Kreisen (Handel, Handwerk, Beamtenschaft usw.) mit Recht als ungehörig, gegenüber berechtigten Forderungen Verjährung einzuwenden". Ebenso führt *Hefermehl*[26] aus, es werde „im Geschäftsleben ... im allgemeinen nicht als anständig angesehen, sich gegenüber begründeten Ansprüchen hinter der Verjährungseinrede zu verschanzen"[27]. Ferner meint *Jahr*[28], es sei „nicht jedermanns Sache ... aus dem bloßen Zeitablauf ... den Vorteil eines Wegfalls eigener Verpflichtungen zu ziehen". *Wacke* und *Seelig*[29] schließlich führen aus: „Als Leistungsverweigerungsrecht ist die Verjährung nach § 222 BGB ausgestaltet, weil es nach Ansicht mancher Bevölkerungskreise als unehrenhaft gilt, sich auf sie zu berufen."

§ 9 Die Anwendung bürgerlich-
rechtlicher Vorschriften im Verwaltungsrecht

Der dargelegte Normzweck des § 222 Abs. 1 BGB, den Schuldner eines Anspruchs darüber entscheiden zu lassen, ob er sich gegenüber einem Anspruch mit der Verjährung verteidigen will und ihm somit diese Begünstigung nicht aufzudrängen, könnte auch im Verwaltungsrecht dort Geltung beanspruchen, wo die Wirkung der Verjährung nicht ausdrücklich gesetzlich geregelt ist; offensichtliche Bedenken hiergegen bestehen nicht.

---

[25] *Palandt / Heinrichs*, vor § 194, Anm. 2.

[26] *Erman / Hefermehl*, vor § 194, Rdnr. 5.

[27] Vgl. auch *von Feldmann*, in: Münchener Kommentar, § 194, Rdnr. 9: „Die Erhebung der Einrede der Verjährung wird häufig als nicht anständig empfunden, und zwar mit Recht, sofern dem Verpflichteten, der sich auf Verjährung beruft, das Bestehen des Anspruchs zweifelsfrei bewußt ist; ein Kaufmann, der Wert auf seinen guten Namen legt, wird sich in solchen Fällen nicht erlauben können, Verjährung geltend zu machen. Für Personen, die einem Standesrecht unterliegen, kann die Erhebung der Verjährungseinrede gegenüber berechtigten Ansprüchen standesrechtliche Folgen haben." Vgl. auch *Seelig*, S. 60: „Vornehmlich im Handel wird mit Rücksicht auf die Erhaltung guter Geschäftsbeziehungen die Verjährungseinrede oft nicht erhoben. In diesem Bereich spielt der gute Ruf eines Kaufmanns eine nicht zu unterschätzende Rolle. Eine Leistung unter Hinweis auf den Eintritt der Verjährung zu verweigern, kann sich langfristig als geschäftsschädigend erweisen."

[28] *Jahr*, JuS 1964, 293 (295).

[29] *Wacke / Seelig*, NJW 1980, 1170; deutlicher *Seelig*, S. 59: „Selbst in unserer Zeit ist es nicht jedermanns Sache, von dem ehrbaren Grundsatz, seine Schulden zu bezahlen, abzuweichen."

Fraglich ist aber, ob überhaupt und bejahendenfalls, unter welchen
Voraussetzungen diese bürgerlichrechtliche Regelung in das Verwaltungsrecht übertragen werden kann. Das Problem gliedert sich dabei
dem größeren, umfassenderen Problemkreis der Ergänzung von Lücken
im Verwaltungsrecht durch das bürgerliche Recht schlechthin ein; denn
wie mit der Wirkung der Verjährung verhält es sich noch mit zahlreichen anderen Rechtsfragen, die wohl im bürgerlichen Recht gesetzlich entschieden sind, für das Gebiet des Verwaltungsrechts hingegen
vom Gesetzgeber nur spärlich oder gar nicht geregelt[1] wurden[2].

I. Die Frage, ob und gegebenenfalls unter welchen Voraussetzungen
bürgerlichrechtliche Vorschriften in das Verwaltungsrecht übernommen
werden können, hat Wissenschaft und Rechtsprechung seit der Trennung der Rechtsbereiche des Verwaltungsrechts und des Privatrechts
und der hierdurch bedingten Entwicklung eines eigenen Rechtssystems
der öffentlichen Verwaltung ständig beschäftigt[3].

Diese Tatsache war letztlich in dem Umstand begründet, daß eine das
öffentliche Recht in seinen allgemeinen Lehren auch nur annähernd
erschöpfende systematisch geordnete Gesetzgebung nicht vorhanden
war, während dem die umfassende Kodifikation des bürgerlichen
Rechts, vor allem im BGB, gegenüberstand[4]. Zwar hat sich dieses
Normdefizit im Bereich des allgemeinen Teils des Verwaltungsrechts
seit dem Inkrafttreten der Verwaltungsverfahrensgesetze vermindert;
diese sind aber für die vorliegende Fragestellung — wie dargelegt —[5]
unergiebig.

Allerdings wurde die Zulässigkeit des Rückgriffs auf die Bestimmungen des bürgerlichen Rechts von mehreren Seiten verneint[6], am schärfsten von *Otto Mayer*[7], der meinte, daß für den Willen eines Zivilrechtssatzes ein öffentlich-rechtliches Verhältnis nie etwas Rechtsähnliches
sein könne, und daß es keine dem öffentlichen und dem privaten Recht
gemeinsamen Rechtsinstitute geben könne. Die neuere Wissenschaft
und vor allem die Rechtsprechung sind aber zu Recht anderer Ansicht.

---

[1] Vgl. nur die öffentlich-rechtliche Geschäftsführung ohne Auftrag (dazu:
Erichsen / Martens, S. 298 ff.) sowie den allgemeinen öffentlich-rechtlichen Erstattungsanspruch (dazu: *Erichsen / Martens*, S. 303 ff.).

[2] *Schack*, BB 1954, 1037 (1039).

[3] *von Gehe*, Fischers Zeitschrift 34 (1908), 134 (141 ff.); weitere Nachweise
bei *Maas*, S. 40 ff.

[4] *Simons*, S. 85; *Forsthoff*, S. 161 ff.

[5] Oben, § 4 I 1.

[6] Nachweise bei *Menger*, S. 73; *Forsthoff*, S. 168 und *Maas*, S. 43; *Forsthoff*,
8. Auflage, S. 150, wendet sich „gegen die in Lehre und Praxis teilweise tief
eingewurzelten zivilistischen Neigungen".

[7] *O. Mayer*, S. 113 ff. (117 f.); speziell für die Verjährungsbestimmungen:
S. 331.

Ob es eine rigorose Trennung der öffentlich-rechtlichen und zivilrechtlichen Institute in der von *Otto Mayer* behaupteten Strenge zur
Zeit der Jahrhundertwende gegeben hat[8], wogegen vor allem deshalb
Bedenken bestehen, weil die verwaltungsrechtlichen Institutionen viel
zu verschiedenartig sind, als daß eine derartig summarische Entscheidung zutreffen könnte[9], kann hier offenbleiben. Denn die generelle Ablehnung der Übernahme zivilrechtlicher Rechtssätze in das Verwaltungsrecht ist jedenfalls nicht zu vereinbaren mit der Verwaltungsent-
wicklung der neueren Zeit, die sich vielfach dem Zivilrecht angenähert
hat[10]. Hingewiesen sei nur auf die heute nicht mehr bestrittene Möglichkeit, öffentliche Verwaltungszwecke in privatrechtlichen Formen zu
verfolgen[11] sowie die in zahlreichen öffentlich-rechtlichen Gesetzen ge-
übte Verweisung auf Rechtssätze des BGB[12]. Es besteht daher heute
kein Zweifel an einer im Prinzip zulässigen Übernahme einer Privat-
rechtsnorm in das Verwaltungsrecht[13].

Der Rückgriff auf das Zivilrecht, der hinsichtlich der Verjährung besonders naheliegt, weil diese privatrechtliche Erscheinung sich auch im
Verwaltungsrecht findet und auf eine Übernahme der zivilrechtlichen
Ausgestaltung hinzudeuten scheint[14], ist vor allem durch folgende Über-
legung gerechtfertigt: „Öffentliches Recht und Privatrecht sind nur
Teile einer einheitlichen Rechtsordnung, die unter demselben Gebot
der Gerechtigkeit steht, daß Gleiches gleich behandelt werden muß. Da
es in beiden Rechtsgebieten trotz unterschiedlicher Grundauffassung
durchaus substantiell gleichartige Interessenkonflikte gibt, entspricht
es diesem Gebot, wenn derartige öffentlich-rechtliche Interessenkonflikte, soweit das öffentliche Recht keine besondere Regelung enthält,
unter Hinzuziehung der entsprechenden im Privatrecht entwickelten
Grundsätze bewertet werden[15]."

---

[8] Ablehnend: *Forsthoff*, S. 168.

[9] *Simons*, S. 86.

[10] *Forsthoff*, S. 168.

[11] *Simons*, S. 86.

[12] Z. B. § 31 Abs. 1 VwVfG (entsprechende Anwendung von §§ 187 bis 193
BGB); § 53 Abs. 1 Satz 3, § 53 Abs. 2 VwVfG (§§ 212 bis 218 BGB); § 62 Satz 2
VwVfG (ergänzende Anwendung des Vertragsrechts des BGB); § 24 Abs. 4
BBauG (Verweisung auf §§ 504, 505 Abs. 2, 506 bis 509 und 512 BGB); § 87
Abs. 2 BBG (Verweisung auf §§ 812 ff. BGB).

[13] Ganz h. M., vgl. z. B. *Enneccerus / Nipperdey*, S. 237 f.; *von Münch*, in:
Erichsen / Martens, S. 115 f. Das Bundesverwaltungsgericht zieht z. B. in ständiger Rechtsprechung die erbrechtlichen Vorschriften des BGB für die Frage
der Vererblichkeit öffentlich-rechtlicher Pflichten heran: BVerwGE 3, 208
(210); 10, 16 (17); 15, 234 (238); 25, 23 (26); 35, 48 (49); 37, 314 (316). Einem Rückgriff auf das Zivilrecht stehen gleichwohl oftmals Verwaltungsjuristen ablehnend gegenüber mit dem beliebten Argument „zivilistischer Betrachtungsweise", vgl. *Bettermann*, Festgabe Bundesverwaltungsgericht, S. 61 (67).

[14] *Simons*, S. 85.

[15] *Enneccerus / Nipperdey*, S. 238.

II. Die Rechtssätze des bürgerlichen Rechts werden heute[16] für das Verwaltungsrecht auf zweifache Weise herangezogen: Einmal kann eine zivilrechtliche Norm Ausdruck eines allgemeinen Rechtsgedankens sein, der als solcher auch im öffentlichen Recht unmittelbar Geltung hat; zum anderen kann eine Vorschrift des bürgerlichen Rechts nach den Grundsätzen der Analogie im Verwaltungsrecht Verwendung finden[17]. So führt der Bundesgerichtshof[18] aus: „Für die Ausfüllung von Lücken im Bereich des öffentlichen Rechts kommt die Heranziehung von Vorschriften des bürgerlichen Rechts einmal dann in Betracht, wenn und soweit diese Ausdruck allgemeiner Rechtsgrundsätze sind, die auch für das öffentliche Recht Geltung beanspruchen. ... Zum anderen kann in Anwendung der zur Analogie entwickelten, im folgenden erörterten Grundsätze die analoge Anwendung auch solcher Vorschriften des bürgerlichen Rechts im Bereich des öffentlichen Rechts geboten sein, die nicht als Niederschlag allgemeiner Rechtsgedanken gewertet werden können."

Dementsprechend ist im folgenden zunächst[19] zu prüfen, ob die Regelung des § 222 Abs. 1 BGB, wonach die Verjährung nur auf Einrede des Verpflichteten zu berücksichtigen ist, einen allgemeinen Rechtsgedanken ausdrückt.

§ 10 Die Anwendung von § 222 Abs. 1 BGB
im Verwaltungsrecht als allgemeiner Rechtsgedanke

I. Im Hinblick auf die uneinheitliche Terminologie in diesem Bereich[1], insbesondere deshalb, weil im Rahmen der das Verwaltungsrecht er-

---

[16] Zu früher vertretenen Methoden: *Simons*, S. 87 ff.; *Harnischmacher*, S. 105 ff.

[17] *Menger*, S. 68 ff.; *Forsthoff*, S. 168; *Ossenbühl*, in: Erichsen / Martens, S. 116; *Enneccerus / Nipperdey*, S. 238 f.; *Schack*, BB 1954, 1037 (1039); *Zweifel*, S. 13; *Mertens*, S. 73.

[18] BGHZ 58, 386 (392 ff.) = DVBl. 1972, 672 ff. = NJW 1972, 1364 ff. (Anwendung von § 313 BGB auf öffentlich-rechtliche Verträge; hier: Erschließungsverträge nach § 123 Abs. 3 BBauG). Ebenso im Ergebnis: OVG Rheinland-Pfalz, DÖD 1982, S. 45, (46).

[19] Nach *Zweifel*, S. 13, findet sich in der Praxis die Berufung auf einen allgemeinen Rechtsgedanken häufiger als die analoge Anwendung von zivilrechtlichen Verjährungsvorschriften; ebenso für die Ausfüllung von Lücken in den verwaltungsrechtlichen Normen im Allgemeinen: *Wolff / Bachof*, S. 101; *Schack*, BB 1954, 1037 (1039); *Menger*, S. 73.

[1] *Simons*, S. 106 ff.; *Hardt*, DÖV 1971, 685 (687); *Ossenbühl*, in: Erichsen / Martens, S. 112 f. (für die „allgemeinen Grundsätze des Verwaltungsrechts"). Deutlich insbesondere *Erichsen*, Verw.Arch. 65 (1974), 423 (424 f.): „Allgemeine und besondere Rechtsgrundsätze, allgemeine Rechtsgedanken, allgemeine Grundsätze des Verwaltungsrechts, schließlich Gewohnheitsrecht und Richterrecht kennzeichnen schlagwortartig jenen in Terminologie und Inhaltsbestimmung noch recht undurchdringlichen Dschungel ..."

gänzenden Heranziehung von Vorschriften des bürgerlichen Rechts in der Rechtsprechung[2] und in der Literatur[3] gelegentlich die Rede von (allgemeinen) „Rechtsgrundsätzen" ist, muß zunächst klargestellt werden, daß es hier nicht um die Rechtsgrundsätze im Sinne der Lehre *Wolffs* geht.

Wolff[4] stellt die Rechtsgrundsätze als Quelle geltenden Rechts über[5] die geschriebenen Rechtsquellen und definiert sie als „fundamentale Rechtsnormen, die sich aus der Anwendung des Prinzips der Gerechtigkeit auf deutliche Interessenlagen allgemeiner Art (ergeben), ... wegen ihres allgemeinen Charakters mit objektiver Erkenntnisgewißheit aus dem Rechtsprinzip ableitbar (sind) und daher von keinem Rechtsgenossen ernsthaft angezweifelt werden (können)". Er unterscheidet „allgemeine Rechtsgrundsätze", die unmittelbar aus dem Rechtsprinzip ableitbar seien, da sie keine weiteren sozialen Gegebenheiten voraussetzten als die Existenz einer Vielheit von Menschen als Rechtsgenossen und den Bestand irgendeiner Rechtsordnung[6] von den „besonderen Rechtsgrundsätzen", die keine unmittelbaren Ableitungen aus der Rechtsidee seien und besondere soziale Lebensverhältnisse voraussetzten[7].

Diese Ausführungen *Wolffs* hat das Bundesverwaltungsgericht[8] aufgegriffen und ausgeführt: „Der vorliegende Rechtsstreit erfordert dabei weder eine abschließende Antwort auf die Frage nach den Kriterien, unter denen das Vorhandensein eines „allgemeinen Rechtsgrundsatzes"

---

[2] Vgl. neben der eben erwähnten Entscheidung des BGH etwa OVG Koblenz, DÖV 1965, 55 (Umwandlung eines öffentlich-rechtlichen Erfüllungsanspruchs in einen Schadensersatzanspruch). In BVerwGE 28, 336 (338) wird die zivilrechtliche Verjährung als „Rechtsgrundsatz" bezeichnet. Nach BVerwGE 42, 353 (356) verjähren beamtenrechtliche Versorgungsansprüche nach § 197 BGB, weil diese Ansprüche „nach allgemeinen Grundsätzen — auch in der Verjährungsfrage — zu beurteilen" seien.

[3] *Kopp*, § 53 VwVfG, Rdnr. 38; *Knack*, vor § 53 VwVfG, Rdnr. 3; *Ennecerus / Nipperdey*, S. 238; *Wolff / Bachof*, S. 101. *Forsthoff* verwendet die Begriffe „Rechtsgrundsätze" (S. 173), „allgemeine Rechtsgedanken" (S. 168) sowie „allgemeingültige Rechtsgedanken" (S. 174).

[4] Vgl. *Wolff / Bachof*, S. 121 ff.

[5] *Wolff / Bachof*, S. 123 („höchster Rang gegenüber anderen Rechtsquellen"); unrichtig *Hardt*, DÖV 1971, 685: „neben".

[6] Beispiele: Grundsatz der Achtung der Würde des Menschen, Rechtsstaatlichkeit, Willkürverbot sowie die Gebote zur Wahrung rechtlicher Gleichheit, von Treu und Glauben, der Rechtssicherheit und der Gerechtigkeit im Einzelfall (*Wolff / Bachof*, S. 121 f.).

[7] Beispiele: Verbot der Entscheidung in eigener Sache, Grundsatz vorherigen oder nachträglichen rechtlichen Gehörs; speziell für das Verwaltungsrecht: Gebot der Wahrung des öffentlichen Interesses durch die Verwaltungsbehörden, ihre Pflicht und ihr Recht zur Gefahrenabwehr (*Wolff / Bachof*, S. 122).

[8] BVerwGE 42, 222, 227 (zur Frage eines dem § 131 Abs. 1 AO entsprechenden allgemeinen Rechtsgrundsatz der Billigkeit).

angenommen werden kann, noch eine umfassende Entscheidung der weiteren Frage, ob und unter welchen Voraussetzungen einem derartigen Rechtsgrundsatz die Qualität einer Rechtsquelle oder unmittelbar eines zwar ungeschriebenen, gleichwohl aber positiven und deshalb allgemeine Verbindlichkeit beanspruchenden Rechtssatzes zuzumessen ist. Denn bei aller Meinungsverschiedenheit in den Einzelheiten besteht insoweit Übereinstimmung jedenfalls darin, daß neben dem geschriebenen Recht und neben dem Gewohnheitsrecht den allgemeinen Rechtsgrundsätzen Rechtsverbindlichkeit nur dann zuerkannt werden kann, wenn sie sich auf fundamentale, als solche der Disposition des Gesetzgebers entzogene Prinzipien des Rechts und der Gerechtigkeit zurückführen lassen oder selbst Sätze solch rechtsfundamentaler Bedeutung sind. Rechtsgrundsätze dieser — verbindlichen — Art müssen mithin ungeachtet der Frage, welchen Inhalt und welchen Rang sie selbst haben mögen, eine Ausprägung jener Rechtsprinzipien sein, die die gesamte Rechtsordnung tragen und sich aus der Anwendung des Gerechtigkeitsprinzips auf konkrete Interessenlagen innerhalb besonderer sozialer Lebensverhältnisse ergeben."

Die hiernach für die Annahme eines allgemeinen Rechtsgrundsatzes erforderlichen Voraussetzungen liegen im Hinblick auf § 222 Abs. 1 BGB nicht vor. Diese Vorschrift, die der bürgerlichrechtlichen Verjährung eine bestimmte Wirkung beilegt, ist keine auf das Gerechtigkeitsprinzip zurückzuführende „Fundamentalnorm"[9]. Dies liegt auf der Hand und ergibt sich schon daraus, daß die Wirkung der Verjährung in verschiedenen Gesetzen unterschiedlich geregelt wurde und wird[10], also der gesetzgeberischen Disposition untersteht.

II. Als allgemeine Rechtsgedanken, die von den allgemeinen Rechtsgrundsätzen zu unterscheiden sind[11], werden diejenigen Regelungen bezeichnet, die zwar nicht unmittelbar auf das Gerechtigkeitsprinzip zurückzuführen sind wie die Rechtsgrundsätze, aber doch einen positivrechtlich zum Ausdruck gekommenen Gedanken enthalten, der in seiner Bedeutung über das einzelne Rechtsgebiet, in dem er seine Regelung gefunden hat, hinausgeht[12].

So führt das Bundessozialgericht[13] aus: „Es ist anerkannten Rechts, daß Rechtsgestaltungen verschiedenster Art dem Privatrecht und dem

---

[9] *Wolff / Bachof*, S. 123.

[10] Oben, §§ 4 I 2, 8 I.

[11] Vgl. *Wolff / Bachof*, S. 123; *Simons*, S. 125 f.; *Hardt*, DÖV 1971, 685 ff., insbesondere S. 687 f. Vgl. auch *Menger*, S. 71, der zu den allgemeinen Rechtsgrundsätzen „in einem weiteren Sinne auch die allgemeinen Rechtsgedanken" rechnet.

[12] *Hardt*, DÖV 1971, 685 (687); *Simons*, S. 106 ff.; *Götz*, DVBl. 1961, 433 (434).

öffentlichen Recht gemeinsam sind. Bringt die Regelung des Privatrechts einen allgemeinen Rechtsgedanken zum Ausdruck, der für das öffentliche Recht gleichfalls gilt, so darf sie zur Ausfüllung einer Lücke des positiven öffentlichen Rechts herangezogen werden."

Allgemeine Rechtsgedanken in diesem Sinne sind etwa in folgenden Vorschriften des bürgerlichen Rechts gefunden worden: §§ 116 BGB (Geheimer Vorbehalt), 119, 123 BGB (Anfechtbarkeit einer Willenserklärung wegen Irrtums bzw. Täuschung oder Drohung), 130 BGB (Wirksamwerden einer Willenserklärung), 133 BGB (Auslegung einer Willenserklärung), 134 BGB (Gesetzliches Verbot), 138 Abs. 1 BGB (Sittenwidrigkeit), 139 BGB (Teilnichtigkeit), 140 BGB (Umdeutung), 157 BGB (Auslegung von Verträgen), 162 Abs. 1 BGB (Verhinderung, Herbeiführung des Eintritts einer Bedingung), 278 BGB (Verschulden des Erfüllungsgehilfen), 306 BGB (Unmögliche Leistung), 618 Abs. 1 und Abs. 3 BGB (Schutz des Dienstverpflichteten gegen Gefahr für Leben und Gesundheit, 812 BGB (Ungerechtfertigte Bereicherung), 844 BGB (Ersatzansprüche Dritter bei Tötung)[14].

1. Zu den im Verwaltungsrecht unmittelbar anwendbaren allgemeinen Rechtsgedanken, die zwar nur im BGB einen spezialgesetzlichen Ausdruck gefunden haben, aber gleichwohl „für das gesamte Rechtsleben gelten"[15], wird auch die Verjährung gerechnet.

So sind nach *Kormann*[16] die Verjährungsvorschriften des BGB „keine spezifisch privatrechtlichen, sondern allgemein rechtliche, auch im öffentlichen Recht anwendbare Vorschriften", die überall dort unmittelbar anzuwenden seien, wo die Zulässigkeit der Verjährung als spezifisch öffentlich-rechtliche Frage zu bejahen sei, aber keine öffentlich-rechtlichen Sondernormen, etwa über die Verjährungswirkung, vor-

---

13 BSG, NJW 1958, 886. Vgl. auch BGHZ 36, 344 f.: „Fehlt es, wie im vorliegenden Fall, an einer Sonderregelung, so geht es bei der Frage der Verzinslichkeit der öffentlich-rechtlichen Forderung aus dem Gesichtspunkt des Schuldnerverzuges im Grunde um nichts anderes als darum, daß ein allgemeiner Rechtsgedanke, der seinen positiven Niederschlag in dem im Gegensatz zum öffentlichen Recht gerade in seinem allgemeinen Teil kodifizierten bürgerlichen Recht gefunden hat, auch auf dem Gebiet des Verwaltungsrechts zur Anwendung gelangen soll."

14 So *Hardt*, DÖV 1971, 685 (688). Zurückhaltend *Simons*, S. 114: Zwar könne vom Vorhandensein allgemeiner, durch eine privatrechtliche Regelung indizierter Rechtsgedanken ausgegangen werden, die Annahme eines derartigen Rechtsgedankens müsse aber auf die Fälle wirklicher Allgemeingültigkeit des der Regelung zugrunde liegenden Bewertungsmaßstabes beschränkt bleiben. Hieraus ergebe sich, „daß die Zahl der auf allgemeine Rechtsgedanken zurückzuführenden zivilrechtlichen Rechtssätze geringer ist, als dies vielfach angenommen wird".

15 So die Formulierung von *Forsthoff*, S. 173.

16 Pr. Verw. Bl. 33 (1911/12), 694 (696).

handen seien. Ferner formuliert *Fleiner*[17], ausgehend von einer gegen-
seitigen Durchdringung des öffentlichen und privaten Rechts: „Bei diesem Zurückgehen auf die letzten Gründe der Rechtssätze und bei dem
Zu-Ende-Denken bestimmter Rechtsgedanken erweist es sich, daß eine
Reihe von Rechtsinstituten und rechtlichen Formen dem Privatrecht
und dem öffentlichen Recht gemeinsam sind. Dies trifft namentlich zu
für die Verjährung ...“ *Zweifel*[18] rechnet die Verjährung zu den „all-
gemeingültigen Rechtserscheinungen, in denen die Verschiedenheit von
Zivil- und Verwaltungsrecht zurücktritt, ja in denen ihre Gemeinsam-
keit wesentlich wird". *Augustin*[19] schließlich führt aus, die Verjährung
als solche sei ein „allgemeiner Rechtsgedanke"[20].

2. Trotz dieser Äußerungen, die dafür sprechen könnten, die Vorschrift des § 222 Abs. 1 BGB als allgemeinen Rechtsgedanken zu qualifizieren[21], kann diese Bestimmung nicht als allgemeiner Rechtsgedanke zur Schließung von Gesetzeslücken im Verwaltungsrecht herangezogen werden. Dabei bedarf es keiner Vertiefung der schon generell gegen diese Methode der Lückenfüllung bestehenden Bedenken, die sich
aus der Normgebundenheit des Richters ergeben[22]. Denn jedenfalls liegen im Falle des § 222 Abs. 1 BGB die Voraussetzungen zur Annahme
eines allgemeinen Rechtsgedankens nicht vor.

Ein im Privatrecht geltender Rechtssatz ist nur dann als Konkretisie-
rung eines in seiner Geltung nicht auf das bürgerliche Recht beschränk-
ten, sondern auch für das Verwaltungsrecht geltenden Rechtsgedankens
zu qualifizieren, wenn in ihm Gedanken zum Ausdruck kommen, die
über das einzelne Rechtsgebiet hinaus als gesetzgeberische Wertvor-
stellung oder legislatorischer Grundgedanke erkennbar sind. Nur in
diesem Fall kann die normalerweise vorhandene Schranke, die es verhindert, Vorschriften eines Rechtsgebiets auf einem anderen Rechtsgebiet anzuwenden, nicht eingreifen. Denn dann handelt es sich nicht
um die grundsätzlich unzulässige Übertragung von Regelungen in andere Rechtgebiete, sondern um die Beachtung des Willens des Gesetzgebers, der eine sich als allgemein gültig erweisende Regelung getrof-
fen hat[23]. Danach ist Voraussetzung für die Anerkennung von allgemei-

---

[17] *Fleiner*, S. 57 f.
[18] *Zweifel*, S. 9.
[19] *Soergel / Augustin*, vor § 194, Anm. 7.
[20] Ablehnend: *Forsthoff*, S. 174.
[21] Ähnlich *Schultzenstein*, Verw.Arch. 17 (1909), 1 (16 ff.), der meint, aus dem
begrifflichen Wesen der Verjährung ergebe sich die Notwendigkeit, die Verjährung geltend zu machen, und zwar auch auf dem Gebiet des Verwaltungsrechts.
[22] *Schack*, BB 1954, 1037 (1039); *Menger*, S. 72 f.
[23] So *Hardt*, DÖV 1971, 685 (688).

nen Rechtsgedanken, die zwar ihren gesetzlichen Niederschlag nur im Privatrecht gefunden haben, aber trotzdem für alle Rechtsbereiche gelten, daß sie „als solche wegen ihres allgemeinen Inhalts und ihrer Sinnfälligkeit evident"[24] sind. Diese Evidenz ist im Hinblick auf §§ 222 Abs. 1 BGB nicht gegeben.

a) Zunächst kann die Vorschrift des § 222 Abs. 1 BGB nicht auf dem Wege als allgemeiner Rechtsgedanke qualifiziert werden, daß man sie als Teil der Gesamtregelung des bürgerlichrechtlichen Verjährungsrechts (§§ 194 - 225 BGB) in den Blick nimmt und davon ausgeht, diese Vorschriften seien insgesamt als allgemeine Rechtsgedanken zu charakterisieren[25]. Denn die Verjährungsbestimmungen der §§ 194 - 225 BGB sind viel zu detailliert, als daß man sie als Ausdruck allgemeiner Rechtsgedanken ansprechen könnte. Zudem sind eine ganze Reihe dieser Normen offensichtlich allein auf zivilrechtliche Verhältnisse zugeschnitten und daher im Verwaltungsrecht unanwendbar. Dies gilt etwa für § 196 Abs. 1 Nr. 1 BGB (Ansprüche der Kaufleute, Fabrikaten, Handwerker und derjenigen, welche ein Kunstgewerbe betreiben), § 200 BGB (Verjährungsbeginn bei Anfechtung im Hinblick auf ein familienrechtliches Verhältnis), § 204 BGB (Hemmung der Verjährung aus familiären Gründen), §§ 209 Abs. 2 Nr. 1 BGB (Verjährungsunterbrechung durch Anbringung eines Güteantrags bei einer Gütestelle nach § 794 Abs. 1 Nr. 1 ZPO). Damit sind die Verjährungsvorschriften der §§ 194 - 225 BGB jedenfalls teilweise den speziellen Zwecken des bürgerlichen Rechts angepaßt, so daß es an der genannten Evidenz fehlt[26].

b) Der Vorschrift des § 222 Abs. 1 BGB kann aber auch dann, wenn man diese Regelung nicht als Teil der Verjährungsvorschriften der §§ 194 - 225 BGB, sondern isoliert betrachtet, das Prädikat eines allgemeinen Rechtsgedankens nicht verliehen werden. Denn die Ausgestaltung der Verjährung als Einrede ist nicht begriffsnotwendig oder Folge ihres Wesens[27], sondern das Ergebnis einer entsprechenden rechtspolitischen Bewertung des Gesetzgebers[28]. Dies beweisen die zahlreichen

---

[24] So *Forsthoff*, S. 173; vgl. auch *Enneccerus / Nipperdey*, S. 238: Nur solche Rechtsgrundsätze, die „unabhängig von ihrer besonderen gesetzlichen Ausgestaltung kraft ihrer Evidenz das gesamte Rechtsleben beherrschen"; *Menger*, S. 71: „Allgemeingut der ganzen Rechtsordnung", „Erfordernis der Allgemeingültigkeit".

[25] Vgl. zu der Unterscheidung zwischen der Heranziehung einer Gesamtheit privatrechtlicher Vorschriften (z. B. §§ 677 ff. BGB oder §§ 688 ff. BGB) einerseits und einzelner privatrechtlicher Rechtssätze andererseits im Verwaltungsrecht: *Enneccerus / Nipperdey*, S. 239.

[26] So im Ergebnis auch *Forsthoff*, S. 174.

[27] So aber *Schultzenstein*, Verw.Arch. 17 (1909), 1 (16 ff.).

[28] Oben, § 8 II; vgl. auch *Maas*, S. 19 ff.

Vorschriften, die der Verjährung gerade keinen Einredecharakter beilegen[29]. Mit Rücksicht auf diese von § 222 Abs. 1 BGB verschiedenen
Regelungen über die Wirkung der Verjährung kann die Bestimmung
des § 222 Abs. 1 BGB nicht als „kraft ihrer Evidenz das gesamte Rechtsleben beherrschend" angesehen werden.

§ 11 Die Anwendung von § 222 Abs. 1 BGB
im Verwaltungsrecht im Wege der Analogie

Ist die Regelung des § 222 Abs. 1 BGB somit nicht als allgemeiner
Rechtsgedanke unmittelbar auch im Verwaltungsrecht anwendbar, so
kann gleichwohl diese Vorschrift möglicherweise zur Lückenfüllung im
Verwaltungsrecht herangezogen werden. Denn wenn einer Norm des
Privatrechts ein allgemeiner Rechtsgedanke nicht entnommen werden
kann, ist weiter zu prüfen, ob eine analoge Anwendung dieser zivilrechtlichen Vorschrift möglich ist[1].

I. Die Lückenfüllung durch Analogie[2] ist nicht auf den jeweiligen
Rechtsbereich des Privatrechts oder des Verwaltungsrechts beschränkt.
Vielmehr wird eine analoge Anwendung des bürgerlichen Rechts auf
verwaltungsrechtliche Sachverhalte grundsätzlich für zulässig gehalten,
und zwar auch dann, wenn diese nicht in verwaltungsrechtlichen Bestimmungen ausdrücklich angeordnet[3] ist[4].

Die Auffassung, daß diese Zulassung besonders durch Rechtsvor-
schrift ausgesprochen sein müßte[5], ist nicht haltbar. Denn in beiden
Rechtsgebieten gibt es „trotz unterschiedlicher Grundauffassung gleichartige Interessenkonflikte..., die zu einer übereinstimmenden rechtlichen Behandlung nötigen"[6]. Deshalb wurde zu Recht schon frühzeitig
darauf hingewiesen, es sei angesichts der lückenhaften verwaltungsrechtlichen Gesetzgebung „eine der vornehmsten und wichtigsten Aufgaben des Verwaltungsrichters, auf dem seiner Jurisdiktion unterliegenden Gebiete" durch Anwendung der Analogie privatrechtlicher Normen „rechtsschöpfend und rechtsergänzend zu wirken"[7].

---

[29] Oben, § 4 I 2.
[1] *Nebinger*, S. 41.
[2] Oben, § 7 I.
[3] Wie etwa in §§ 42, 53 VwVfG, § 87 BBG; § 24 BBauG.
[4] *Nebinger*, S. 39; *Wolff / Bachof*, S. 166; *Enneccerus / Nipperdey*, S. 239 f.;
Simons, S. 92; *Ossenbühl*, in: Erichsen / Martens, S. 116.
[5] Vgl. etwa *Maas*, S. 43 ff.
[6] So *Enneccerus / Nipperdey*, S. 240.
[7] *von Gehe*, Fischers Zeitschrift 34 (1908), 134 (141).

1. Auch für den Bereich des verwaltungsrechtlichen Verjährungsrechts wird die analoge Anwendung der Verjährungsvorschriften der §§ 194 - 225 BGB überwiegend grundsätzlich für zulässig gehalten[8].

Die Richtigkeit dieser Auffassung wird durch diejenigen verwaltungsrechtlichen Verjährungsvorschriften bestätigt, die eine entsprechende[9] Anwendung der §§ 194 ff. BGB — insgesamt oder teilweise — vorschreiben[10].

Allerdings besteht Einigkeit darüber, daß sich nicht alle Vorschriften dieses Abschnittes (§§ 194 - 225 BGB) für eine analoge Anwendung im Verwaltungsrecht eignen[11]; vielmehr „muß jede Analogie von Fall zu Fall geprüft werden"[12]. So führt das Bundesverwaltungsgericht[13] zur Verjährung aus: „Es bestehen keine grundsätzlichen Bedenken gegen die Anwendbarkeit dieses Rechtsgrundsatzes auch im öffentlichen Recht, sofern es sich um vermögensrechtliche Ansprüche handelt; hierfür bietet sich die entsprechende Anwendung der Regeln des Bürgerlichen Gesetzbuches an, die allerdings für jeden Fallbereich und für jede Einzelvorschrift von einer besonderen Prüfung abhängig zu machen ist ...".

2. Für die dementsprechend im folgenden vorzunehmende Prüfung, ob die Vorschrift des § 222 Abs. 1 BGB analog im Verwaltungsrecht angewendet werden kann, ist davon auszugehen, daß die Gesetzesanalogie in der Anwendung des in einem gesetzlichen Tatbestand enthaltenen Rechtssatzes auf einen diesem Tatbestand ähnlichen Tatbestand besteht und zulässig ist unter der Voraussetzung, daß der zu regelnde mit dem gesetzlich geregelten Fall in den Punkten, die für die angeordnete

---

[8] Vgl. *Wolff / Bachof*, S. 266 f.; *Kopp*, § 53 VwVfG, Rdnr. 23; *Forsthoff*, S. 174; *Enneccerus / Nipperdey*, S. 240; *Zweifel*, S. 13 f.; *Koschnick*, S. 46 ff.; a. A.: *Maas*, S. 46 ff.

[9] Die Ansicht von *Nebinger*, S. 39 f., wonach zwischen entsprechender und analoger Anwendung zu unterscheiden ist, hat sich nicht durchgesetzt, vgl. z. B. *F. Peters*, NJW 1982, 1857 (1858).

[10] Oben, § 4 I 2.

[11] Zahlreiche Vorschriften der §§ 194 ff. sind offensichtlich auf zivilrechtliche Verhältnisse zugeschnitten und scheiden daher für eine Analogie von vornherein aus, vgl. oben, § 10 II 2 a.

[12] So *Forsthoff*, S. 174; *Stelkens*, in: Stelkens / Bonk / Leonhardt, § 53 VwVfG, Rdnr. 5; ebenso OVG Münster, NJW 1971, 1330; ähnlich *Meier-Branecke*, AöR N. F. 11 (1926), 230 (239): Analoge Anwendung der §§ 194 ff. BGB im Verwaltungsrecht „unter Anpassung an dessen Eigenarten und unter Auswahl des Geeigneten"; nach *Enneccerus / Nipperdey*, S. 240, sind „einzelne Bestimmungen über die Verjährung" im Verwaltungsrecht entsprechend anwendbar. Vgl. auch *Fürst / Finger / Mühl / Niedermaier*, vor § 82 BBG, Rdnr. 40.

[13] BVerwGE 28, 336 (338); vgl. auch OVG Münster, NJW 1981, 1328: „Auf öffentlich-rechtliche Zahlungsansprüche sind die Verjährungsvorschriften des BGB grundsätzlich entsprechend anzuwenden."

Rechtsfolge wesentlich sind, übereinstimmt[14]. Dabei ist die zur Festlegung der Wesentlichkeit erforderliche Wertung nicht durch Feststellung einer äußeren Ähnlichkeit der miteinander verglichenen Tatbestände vorzunehmen, sondern unmittelbar an dem Gehalt des Gesetzes selbst zu orientieren, d. h. „Maßstab der gedanklichen Deduktion ist die im Rechtssatz verobjektivierte Wertung bestimmter Lebenssachverhalte durch den Gesetzgeber"[15]. Zu prüfen ist demnach hier, ob die für die im Zivilrecht getroffene Regelung (§ 222 Abs. 1 BGB) maßgebliche „ratio" des Gesetzes[16] auch auf den verwaltungsrechtlichen Tatbestand zutrifft[17].

Ferner ist bei der Prüfung, ob sich eine entsprechende Anwendung eines zivilrechtlichen Rechtssatzes im Verwaltungsrecht vertreten läßt, die Verschiedenheit der beiden Rechtsbereiche zu beachten[18].

II. Geht man davon aus, daß sich nur bei Berücksichtigung der Verschiedenheit von bürgerlichem Recht und Verwaltungsrecht eine Antwort auf die Frage finden läßt, ob die für eine Analogie erforderliche Ähnlichkeit zwischen dem im Gesetz geregelten und auf dem Hintergrund des privaten Interessenausgleichs zu wertenden Sachverhalt einerseits und dem im Einzelfall zu regelnden verwaltungsrechtlichen Sachverhalt andererseits vorhanden ist, so ist dieser Verschiedenheit im folgenden nachzugehen[19].

Die bei der Frage der analogen Anwendung einer Vorschrift des Zivilrechts im Verwaltungsrecht zu berücksichtigenden Unterschiede

---

[14] Oben, § 7 I.

[15] So *Simons*, S. 89.

[16] Dazu siehe oben, § 8 II.

[17] Vgl. OVG Koblenz, NJW 1973, 1341 (1342): „Denn über der Formulierung des Gesetzes steht sein leitender Gedanke. Versagt jene, so bleibt dieser maßgebend und zwingt zur Anwendung der Vorschrift auf einen nicht geregelten Tatbestand, der dem geregelten unter dem Gesichtspunkt des Gesetzeszweckes wesensgleich ist (RGZ 74, 114, 115; RGZ 117, 335, 337, 338; RGZ 137, 1, 13)"; BSG 19, 88 (91): „Gleichheit des gesetzgeberischen Grundes"; *Simons*, S. 93; *Menger*, S. 68 ff.; *Zweifel*, S. 13 f.; *Meier-Branecke*, AöR N. F. 11 (1926), 230 (244): Bei der Analogie ist „zu untersuchen, ob auch die den herangezogenen Normen zugrundeliegenden rechtspolitischen Motive und Interessenabwägungen auf den Tatbestand zutreffen, auf den jene Normen zur Anwendung gebracht werden sollen".

[18] Vgl. *Simons*, S. 92 f.; BSG 19, 88 (90); OVG Münster, DVBl. 1974, 596 (597); *Meier-Branecke*, AöR N. F. 11 (1926), 230 (244); *Sendler*, NJW 1964, 2137 (2139); *Kopp*, § 53 VwVfG, Rdnr. 23; *Knack*, vor § 53 VwVfG, Rdnr. 3. Vgl. auch den Hinweis von *Forsthoff*, S. 159, wonach die Tatsache, daß das Verwaltungsrecht anders als das Zivilrecht „einer staatlichen Funktion gilt, die gestaltet, die sichtbar aufgerichteten Zielen zustrebt, ... ihm einen zweckhaften Charakter (zuteilt), ... (was sich) naturgemäß auch auf die Rechtsanwendung aus-(wirkt)".

[19] Vgl. *Simons*, S. 93: Die „Verschiedenheit der beiden Rechtsbereiche ... (ist) in den Vordergrund der gesamten Untersuchung zu stellen".

dieser Rechtssysteme könnten sich aus den Abgrenzungskriterien zwischen Zivilrecht und Verwaltungsrecht ergeben.

Die Abgrenzung des Verwaltungsrechts vom bürgerlichen Recht ist eine der ältesten und der am meisten behandelten Streitfragen der Rechtswissenschaft[20]. Schon dem römischen Recht war die historisch bedingte[21], „nicht dem Recht schlechthin vorgegebene"[22] Unterscheidung von öffentlichem und privatem Recht bekannt[23]. Viel zitiert wird die Definition Ulpians[24]: „publicum ius est quod ad statum rei Romanae spectat, privatum quod ad singulorum utilitatem[25]."

Um eine Klärung der Abgrenzungsfrage haben sich eine mittlerweile unübersehbar gewordene Literatur und eine reichhaltige Rechtsprechung bemüht[26]. Von den in diesem Zusammenhang aufgestellten Theorien[27] setzt sich in letzter Zeit immer mehr die Zuordnungstheorie (Subjektstheorie) von *Wolff*[28] durch[29], die vom Inhalt des objektiven Rechts ausgehend die Unterscheidung in den die Rechtsordnung bildenden Rechtssätzen sucht:

---

[20] Vgl. *Menger*, in: Festschrift f. H. J. Wolff, S. 149; *Achterberg*, S. 7 ff.; *Simons*, S. 20 ff. unter zutreffender Ablehnung der mit der Gesetzeslage (§ 13 GVG, § 40 VwGO, § 89 BGB, § 7 HGB) nicht zu vereinbarenden Ansicht, die rechtliche Unterschiede zwischen öffentlichem und privatem Recht leugnet.

[21] Vgl. *Enneccerus / Nipperdey*, S. 224.

[22] So *von Münch*, in: Erichsen / Martens, S. 21; vgl. auch *Achterberg*, S. 8, wonach „die Unterscheidung von Öffentlichem Recht und Privatrecht und ihre Abgrenzung kein a priori darstellen, sondern aus der jeweiligen, positiven Rechtsordnung folgen".

[23] *Wolff / Bachof*, S. 97. Die Unterscheidung von öffentlichem und privatem Recht gehört zur allgemeinen Rechtstheorie, vgl. *Wolff / Bachof*, S. 113.

[24] Dig. I 1. 1 § 2.

[25] Vgl. zu der „Tatsache, daß diese Einteilung nicht eine reinliche Scheidung von Privatrecht und Öffentlichem Recht bedeutet": *Achterberg*, S. 9, FN 29. Vgl. dazu, daß öffentliches Interesse (Interesse der Allgemeinheit) und private Interessen nur selten säuberlich zu trennen, vielmehr — besonders im modernen Sozialstaat mit seiner umfassenden Daseinsvorsorge und Planung — vielfältig miteinander verflochten sind: *Bachof*, in: Festgabe Bundesverwaltungsgericht, S. 1 (6).

[26] Vgl. *Wolff / Bachof*, S. 97 ff.; *Simons*, S. 20.

[27] Vgl. dazu *Wolff / Bachof*, S. 98; *Menger*, in: Festschrift für H. J. Wolff, S. 149 ff.

[28] *Wolff / Bachof*, S. 99 ff.; *Wolff*, AöR 76 (1950), 205 ff.

[29] Vgl. *von Münch*, in: Erichsen / Martens, S. 18; *Ule*, S. 43; *Stern*, EvStL 1656 (1657); *Menger*, in: Festschrift für H. J. Wolff, S. 149 (162 f., 166); *Kopp*, § 40 VwGO, Rdnr. 11. Demgegenüber meint *Bachof*, in: Festgabe Bundesverwaltungsgericht, S. 163, keine der Theorien könne als herrschend bezeichnet werden. Zur zutreffenden Kritik an der Interessentheorie und der Subjektionstheorie: *Achterberg*, S. 9; *Enneccerus / Nipperdey*, S. 227 f.; *Zuleeg*, Verw. Arch. 73 (1982), 384 (390 ff.); *Simons*, S. 23 ff. Das Bundesverwaltungsgericht hat bisher zum Theorienstreit nicht Stellung bezogen, sondern „in pragmatischer Weise von Fall zu Fall die verschiedensten topoi zur Begründung seiner Entscheidungen herangezogen" (so *Bachof*, in: Festgabe Bundesverwaltungsgericht, S. 1 (3).

Da das objektive Recht aus Rechtssätzen bestehe, müsse Anknüpfungspunkt der Unterscheidung zwischen öffentlichem und privatem Recht dieser Bestandteil der Rechtsverhältnisse sein. Die logische Form eines Rechtssatzes besage, daß bei Erfüllung eines Tatbestandes ein Zuordnungssubjekt eine Rechtsfolge setzen solle. Unser Rechtssystem kenne als mögliche Zurechnungs- und Zuordnungssubjekte Rechtsträger des öffentlichen und des privaten Rechts. Offenkundig sei nun, daß der Unterschied in den zu trennenden Rechtsbereichen nicht im rechtsfolgebedingenden Tatbestand und ebenso nicht in einer Verschiedenheit der Rechtsfolgen gesehen werden könne; entscheidend sei vielmehr die Art der beteiligten Rechtssubjekte, nämlich die Verschiedenheit der Zuordnungsobjekte, d. h. derjenigen Rechtssubjekte, denen subjektive Rechte und Pflichten zugeordnet seien. Das Privatrecht sei dadurch gekennzeichnet, daß es sowohl den Trägern hoheitlicher Gewalt als auch den Privatpersonen Tatbestände zurechne bzw. Rechtsfolgen zuordne, es sei daher „ein allgemeines, potentiell alle Rechtspersonen berechtigendes oder verpflichtendes objektives Recht"[30]. Das öffentliche Recht sei demgegenüber der öffentlichen Regierung und Verwaltung zugeordnet und müsse verstanden werden als „der Inbegriff derjenigen Rechtssätze, deren berechtigtes oder verpflichtetes Zuordnungsobjekt ausschließlich ein Träger hoheitlicher Gewalt" sei[31].

Die Zuordnungstheorie *Wolffs* mag zwar eine sichere Abgrenzung des privaten vom öffentlichen Recht ermöglichen[32], für die hier interessierenden Verschiedenheiten des Verwaltungsrechts zum Zivilrecht gibt diese Theorie jedoch nichts her. Denn die allein auf das Zuordnungssubjekt des jeweiligen Rechtssatzes abstellende Argumentation ist rein formal und berücksichtigt materielle Gesichtspunkte nicht. Bei der im Rahmen der analogen Anwendung von Privatrecht im Verwaltungsrecht zu beachtenden Verschiedenheit dieser Rechtsbereiche geht es aber um die materielle Frage nach dem Charakter, dem Wesen des jeweiligen Rechts[33].

Um die Klärung des Wesens des Verwaltungsrechts in seiner Gegenüberstellung zum Privatrecht hat sich besonders *Simons*[34] bemüht. Er

---

[30] *Wolff*, AöR 76 (1950), 205 (208).

[31] Vgl. *Wolff / Bachof*, S. 99.

[32] Vgl. *Menger*, in: Festschrift für H. J. Wolff, S. 149 (166), wonach es allein diese Theorie gestatte, „ohne jede petitio principii zu klaren und überzeugenden Ergebnissen zu gelangen"; *Merten*, Verw.Arch. 66 (1975), 387 (393): „Eine exakte Trennung des Zivilrechts vom öffentlichen Recht ist nur zu erreichen, wenn man mit der (modifizierten) Subjektstheorie auf das Zuordnungsobjekt einer Norm schaut." Kritisch dazu: *Achterberg*, S. 9; *Bachof*, in: Festgabe Bundesverwaltungsgericht, S. 1 (7 ff.); *Zuleeg*, Verw.Arch. 73 (1982), 384 (386 ff.).

[33] Oben, §§ 9 I, 11 I 2. Nach *Simons*, S. 39, 93 sind die „wesensgemäßen und funktionellen Besonderheiten des Verwaltungsrechts" zu untersuchen.

[34] *Simons*, S. 39 ff.

geht dabei vom Begriff der öffentlichen Verwaltung[35] aus. Die öffentliche Verwaltung — der Begriff „Verwaltung" im allgemeinen Sprachgebrauch sei nur als zweckgerichtete und -bestimmte Tätigkeit denkbar — sei notwendig an einem Zweck orientiert, insoweit also bereits auf ein materielles Kriterium ausgerichtet. Deshalb könne der Begriff der öffentlichen Verwaltung auch zur Grundlage der wesensmäßigen Unterscheidung gemacht werden. Dieser sei im Anschluß an *Wolff*[36] zu umschreiben als „zweckbestimmte Besorgung der Angelegenheiten der Gemeinwesen und ihrer Mitglieder als solcher durch die dafür bestellten Sachwalter der Gemeinwesen"[37]. Hieraus ergebe sich als Wesen und besondere Kennzeichnung des Verwaltungsrechts die „größere Abhängigkeit von politischer Gemeinschaftsethik, der stärkere soziale Anspruch seiner in der Gemeinschaft wurzelnden Rechte und Pflichten". Die Besorgung der Angelegenheiten der Gemeinwesen durch die öffentliche Organisation, legitimiert durch die Gemeinschaftsbezogenheit staatlicher Aufgaben und Ziele und deren Verwirklichung im Sinne einer Sozialgestaltung nach der Rechtsordnung, kennzeichneten daher das Verwaltungsrecht im Gegensatz zum Privatrecht, das zutreffend schlagwortartig als „das Recht der eigennützigen Machtverhältnisse" bezeichnet worden sei[38].

Die von *Simons* herausgearbeitete „sowohl wesensmäßige als auch funktionelle Verschiedenheit des Verwaltungsrechts und des Privatrechts"[39] ist aber im Rahmen der hier zu beantwortenden Frage analoger Anwendbarkeit des § 222 Abs. 1 BGB im Verwaltungsrecht unergiebig. Denn zunächst sind die genannten Kriterien wenig griffig und damit bei der konkreten Rechtsanwendung allenfalls bedingt tauglich. Vor allem aber ist bei den hier in Rede stehenden vermögensrechtlichen Ansprüchen des Verwaltungsrechts[40] eine im Vergleich zum Zivilrecht größere Abhängigkeit von politischer Gemeinschaftsethik und der stärkere soziale Anspruch seiner in der Gemeinschaft wurzelnden Rechte und Pflichten — wenn überhaupt — nur von untergeordneter Bedeutung, weil es bei diesen Ansprüchen in erster Linie — und damit für die Rechtsanwendung entscheidend — um Vermögensinteressen geht. Bezeichnenderweise hat das Reichsgericht in zahlreichen Entscheidungen die Auffassung vertreten, daß alle vermögensrechtlichen Ansprüche dem bürgerlichen Recht zugerechnet werden müßten[41].

---

[35] Zum Begriff der öffentlichen Verwaltung vgl. *Wolff / Bachof*, S. 6 ff.; *Forsthoff*, S. 1 ff.; *von Münch*, in: Erichsen / Martens, S. 1 ff.

[36] Vgl. *Wolff / Bachof*, S. 10.

[37] *Simons*, S. 41.

[38] *Simons*, S. 42.

[39] So *Simons*, S. 39 ff., 43.

[40] Oben, § 2 III.

III. Läßt sich somit auch dem Gesichtspunkt der wesensmäßigen Verschiedenheit von Verwaltungsrecht und Privatrecht nichts für oder gegen eine analoge Anwendbarkeit von § 222 Abs. 1 BGB im Verwaltungsrecht entnehmen, so verbleibt allein der Weg, die Frage, ob der
Normzweck des § 222 Abs. 1 BGB, den Schuldner darüber entscheiden
zu lassen, ob er sich gegenüber einem Anspruch mit der Verjährung
verteidigen will und ihm somit diese Begünstigung nicht aufzudrängen[42], auch auf die verwaltungsrechtliche Verjährung zutrifft[43], dadurch
zu beantworten, daß die Interessen untersucht werden, die sich im Rahmen eines verwaltungsrechtlichen Schuldverhältnisses vermögensrechtlicher Art gegenüberstehen.

Dabei erscheint es zweckmäßig, bei dieser Untersuchung danach zu
unterscheiden, wer jeweils Schuldner des vermögenswerten verwaltungsrechtlichen Anspruchs ist. Denn der Umstand, ob die öffentliche
Hand gegenüber einer Zivilperson anspruchsberechtigt oder -verpflich-
tet ist, kann eine unterschiedliche Beurteilung erfordern. Zudem stellt
§ 222 Abs. 1 BGB seinem Sinn und Zweck nach maßgeblich auf den
Willen des Schuldners ab; es ist deshalb naheliegend, auch bei der Prüfung der verwaltungsrechtlichen Interessenlage das Interesse des jeweiligen Schuldners eines vermögensrechtlichen Anspruchs in den Vordergrund der Betrachtung zu stellen.

1. Wenn einem Subjekt öffentlicher Verwaltung ein vermögensrechtlicher Anspruch des Verwaltungsrechts gegen eine Zivilperson zusteht,
diese also Schuldner ist (z. B. bei einer Kostenforderung[44]), entspricht
es dem Interesse des (privaten) Schuldners, wenn ihm — wie im Zivilrecht — die Entscheidung darüber belassen wird, ob er sich gegenüber
dem Anspruch auf die Verjährung berufen will.

Es ist möglich, daß im konkreten Fall die Berücksichtigung der Verjährung von Amts wegen — also ohne seinen Willen — nicht in seinem
Interesse liegt. Gründe dafür, sich gegenüber einem Anspruch gerade
nicht mit der Verjährung zu verteidigen, können nämlich auch dann
vorliegen, wenn Anspruchsgläubiger die öffentliche Hand ist und nicht
nur wenn — wie regelmäßig im Zivilrecht — Gläubiger ebenfalls eine
Privatperson ist. Warum sollte eine Privatperson von dem ehrbaren
Grundsatz, seine Schulden zu bezahlen[45], nur deshalb abweichen, weil

---

[41] Etwa RGZ 22, 285 (287 ff.); 25, 325 (330); 74, 191 (192 f.); 75, 40 (41); vgl. zu
dieser sog. Fiskustheorie: *Forsthoff*, S. 29, 112 f.; *Simons*, S. 22; *von Münch*, in:
Erichsen / Martens, S. 28. Erst später hat sich das Reichsgericht von dieser
Auffassung losgesagt, vgl. *Forsthoff*, S. 175.

[42] Vgl. zu diesem Normzweck oben, § 8 II.

[43] Vgl. zu dieser Voraussetzung einer Analogie oben, §§ 7 I, 11 I 2.

[44] Oben, § 2 III 1.

[45] Vgl. oben, § 8 II 3.

sein Gläubiger nicht eine Privatperson, sondern der Staat ist? Allein dem Umstand, daß dem Schuldner als Gläubiger ein Träger hoheitlicher Gewalt gegenübersteht, kann keine entscheidende Bedeutung für die Frage der Wirkung der verwaltungsrechtlichen Verjährung zukommen. Diese Konstellation ist im übrigen auch gegeben, wenn der Staat Gläubiger nicht eines verwaltungsrechtlichen, sondern eines privatrechtlichen Anspruchs ist[46], § 222 Abs. 1 BGB also unmittelbar eingreift.

Gegen eine solche Dispositionsbefugnis eines Schuldners über die verwaltungsrechtliche Verjährung wird zwar eingewendet, sie widerspreche der Natur des Verwaltungsrechts als zwingendes öffentliches Recht[47]. Dem ist aber nicht zu folgen[48].

Die Vorstellung von dem zwingenden Charakter des öffentlichen Rechts im Gegensatz zu der das Privatrecht beherrschenden Privatautonomie ist heute überwunden, zumal es auch freiwillig übernommene öffentlich-rechtliche Verpflichtungen gibt[49]. Gerade auch die zunehmend als Handlungsform der öffentlichen Verwaltung gebräuchlichen verwaltungsrechtlichen Verträge[50], die durch eine „Koordination der Partner"[51] gekennzeichnet sind[52], sind mit einem angeblich zwingenden Charakter des öffentlichen Rechts nicht zu vereinbaren. Jedenfalls kann die zwingende Natur des Verwaltungsrechts deshalb nicht gegen eine analoge Anwendung des § 222 Abs. 1 BGB im Verwaltungsrecht angeführt werden, weil es hier um die Schließung einer Gesetzeslücke geht, eine (zwingende) öffentlich-rechtliche Vorschrift, die die Berücksichtigung der Verjährung nur auf Einrede des Schuldners verbietet, also gerade nicht vorliegt.

Auch die in diesem Zusammenhang von *Meier-Branecke*[53] vorgetragene Argumentation, für die Berücksichtigung der Verjährung von

---

[46] Z. B. wenn die öffentliche Verwaltung als Gläubiger eines Anspruchs aus Dienst-, Werk-, Kauf-, Miet- oder aus einem sonstigen Privat-Vertrag auftritt. Vgl. dazu, daß sich die öffentliche Verwaltung vielfach — zulässigerweise — privatrechtlicher Formen bedient: *Wolff / Bachof*, S. 104 ff.; *von Münch*, in: Erichsen / Martens, S. 28 ff.

[47] *Maas*, S. 83; *Koschnick*, S. 62; *Kormann*, Pr. Verw. Bl. 33 (1911/12), 694 (697). Vgl. auch *Forsthoff*, S. 193 f.: „Auch die Einführung der Naturalobligation im Wege der Analogiebildung zum bürgerlichen Recht begegnet Bedenken. Das Verwaltungsrecht als zwingendes öffentliches Recht gibt derartigen schuldrechtlichen Nuancierungen keinen Raum."

[48] So im Ergebnis auch *Zweifel*, S. 52 ff.

[49] *Wolff / Bachof*, S. 98; *Simons*, S. 22.

[50] *Kopp*, vor § 54 VwVfG, Rdnr. 2; *Forsthoff*, S. 274 ff.

[51] So *Forsthoff*, S. 278.

[52] Vgl. *Kopp*, vor § 54 VwVfG, Rdnr. 5: „partnerschaftliche Zusammenarbeit".

[53] AöR N. F. 11 (1926), S. 230 (253).

Amts wegen spreche „vor allem der vom OVG 10 S. 288 aufgestellte
Grundsatz, daß die Vorschriften des öffentlichen Rechts auch dem gegenüber in Kraft bleiben, der von den Vorteilen, welche sie ihm bie-
ten, keinen Gebrauch machen will"[54], überzeugt nicht.

Das in Bezug genommene Urteil des Preußischen Oberverwaltungsgerichts vom 12. März 1884 betrifft einen Fall aus dem Gewerberecht.
Der Leitsatz dieser Entscheidung lautet: „Die Erlaubnis zum Betriebe
der Schankwirtschaft darf nicht an die Bedingung geknüpft werden,
daß für die Gäste im Schanklokale keine weibliche Bedienung gehalten
werde, und zwar auch dann nicht, wenn der die Erlaubnis Nachsuchen-
de mit solcher Einschränkung einverstanden ist." Daß der in dieser
Entscheidung aufgestellte „Grundsatz", mit dem die Rechtmäßigkeit
einer der Reichsgewerbeordnung widersprechenden gewerberechtlichen
Nebenbestimmung trotz des Einverständnisses des Adressaten verneint
wurde, nicht ohne weiteres zu verallgemeinern ist, folgt schon daraus,
daß Gegenstand des Urteils eine Spezialfrage war. Jedenfalls aber kann
der erwähnte Grundsatz — sein Bestehen unterstellt — bei der vorliegenden Frage der analogen Anwendbarkeit von § 222 Abs. 1 BGB im
Verwaltungsrecht deshalb nicht herangezogen werden, weil eine Gesetzeslücke zu schließen ist, also eine verwaltungsrechtliche Vorschrift,
die eine Berücksichtigung der Verjährung von Amts wegen verlangt,
nicht vorliegt. Es kann also hier nicht um das Problem gehen, ob Vorschriften des öffentlichen Rechts auch dem gegenüber in Kraft bleiben,
der keinen Gebrauch von den durch sie gewährten Vorteilen machen
will.

Maas[55] führt allerdings dagegen, bei der Verjährung im Verwaltungsrecht den Willen einer Zivilperson als Schuldner des Staates zu berücksichtigen, an, es entspreche „wenig der Hoheit und Würde des Staates,
wenn der einzelne Bürger durch Erheben oder Nichterheben der Einrede über den Anspruch des Staates entscheiden könnte und die Beamten sich in diesem Falle erst über seinen Willen zu unterrichten
hätten, ehe sie von der Verfolgung eines verjährten Anspruchs ab-
sehen dürften". Dem folgt Koschnick[56], der ausführt, es entspreche
„nicht der Hoheit, Würde und Autorität des Staates und dem Wesen
der Zwangsgewalt, daß dem Schuldner ein Leistungsverweigerungsrecht zusteht" und fortfährt: „Entweder der Staat hat einen Anspruch
oder er hat keinen."

---

[54] Ebenso *Kormann*, Pr. Verw. Bl. 33 (1911/12), 694 (697); ähnlich *Maas*, S. 21:
... „gilt doch im öffentlichen Recht weitgehend der Satz, daß seine Wohltaten
auch dem zugute kommen, der von ihnen keinen Gebrauch machen will".
[55] *Maas*, S. 83.
[56] *Koschnick*, S. 62.

Diese Ansichten berücksichtigen zu Unrecht nicht, daß die verwaltungsrechtliche Verjährung nicht Hoheitsbefugnisse erfaßt, sondern nur vermögenswerte Ansprüche[57], was schon dagegen spricht, dem Gesichtspunkt der Hoheit und Würde des Staates hier entscheidende Bedeutung beizulegen. Zudem ist die in diesen Meinungen zum Ausdruck kommende obrigkeitliche Auffassung unter den Bedingungen des modernen Rechtsstaates des Grundgesetzes nicht haltbar. Als Beleg für das gewandelte Verhältnis der Staatsgewalt zum einzelnen[58] sei hier nur verwiesen auf die Rechte des „Beteiligten" (§ 13 VwVfG) im Verwaltungsverfahren[59], insbesondere auf § 28 VwVfG, der vor dem Erlaß eines belastenden Verwaltungsakts die Anhörung des Betroffenen vorschreibt[60].

Somit ist als Zwischenergebnis festzuhalten, daß es dem Interesse einer Zivilperson als Schuldner des Staates entspricht, die Disposition über den Verjährungseinwand zu behalten, und daß keiner der demgegenüber für eine Berücksichtigung des Fristablaufs von Amts wegen vorgebrachten Gründe stichhaltig ist.

Darüber hinaus läßt sich auch ein Interesse des Subjekts öffentlicher Verwaltung als Gläubiger dafür anführen, daß die Verjährung nur dann berücksichtigt wird, wenn der Schuldner die Verjährung geltend macht. Denn bei einer unabhängig vom Willen des Schuldners zu berücksichtigenden Verjährung erlischt — das Durchgreifen der Verjährung unterstellt — der Anspruch des Staates gleichsam automatisch. Das gilt dagegen nicht, wenn ein Untergang eines Anspruches bzw. dessen Erfüllung dem Belieben des Schuldners überlassen wird. In diesem Fall besteht die — für die öffentliche Hand günstige — Möglichkeit, daß ein vermögensrechtlicher Anspruch trotz Verjährung erfüllt wird.

2. Auch bei der umgekehrten Fallgestaltung, daß die öffentliche Hand einer Zivilperson die Erfüllung eines vermögensrechtlichen Anspruchs des Verwaltungsrechts schuldet (z. B. bei einem Entschädigungs-, Erstattungs- oder Versorgungsanspruch), entspricht es der verwaltungsrechtlichen Interessenlage, die Verjährung nur auf Einrede der Behörde

---

[57] Oben, § 2 III.

[58] *Wolff / Bachof*, S. 50 ff.; *Forsthoff*, S. 59 ff., 169 f.

[59] Vgl. dazu: *Badura*, in: Erichsen / Martens, S. 339 f.

[60] Vgl. auch *Kopp*, in: Festgabe Bundesverwaltungsgericht, S. 387 (392): „Die Beteiligung des Bürgers im Verfahren ist ... heute Ausdruck und Folge des veränderten Verhältnisses von Staat und Bürger. Der Bürger ist im demokratischen Staat Partner der Verwaltung im gemeinsamen Bemühen um eine sachlich richtige Entscheidung gem. den geltenden Gesetzen. Die Beteiligung und die damit zusammenhängenden Rechte auf Gehör, auf Einsicht in das Verfahren, auf eine Begründung der Entscheidungen usw. geben der Verwaltung erst die Legitimität, die ein bloßes Berufen auf eine wie auch immer zu verstehende Hoheitsgewalt oder eine ... gesetzliche Ermächtigung allein nicht ausreichend geben könnte."

zu beachten. Es besteht ein Bedürfnis dafür, daß die öffentliche Hand als Schuldner eines vermögensrechtlichen Anspruchs einer Zivilperson selbst darüber entscheidet, ob sie sich mit der Verjährungseinrede verteidigen will[61].

a) Ein solches Bedürfnis wäre allerdings von vornherein zu verneinen, wenn bei gegen die öffentliche Hand gerichteten vermögensrechtlichen Ansprüchen von Zivilpersonen eine Pflicht der Behörden bestehen würde, sich — falls der erhobene Anspruch (möglicherweise) verjährt ist — stehts auf die Verjährung zu berufen. Das ist aber nicht der Fall.

Zwar könnte einer Entscheidung des Bundessozialgerichts[62] zu entnehmen sein, eine derartige Pflicht bestehe — wenigstens grundsätzlich —, weil es dem aus dem Verfassungsgebot der Rechtsstaatlichkeit abgeleiteten Grundsatz der Gesetzmäßigkeit der Verwaltung[63] entspreche, „die gesetzlichen Folgen der Verjährung"[64] eintreten zu lassen[65]. Dem kann aber nicht gefolgt werden.

Die Frage, ob eine Pflicht für eine Behörde besteht, sich auf die Verjährung zu berufen, kann sich unter dem Gesichtspunkt der Gesetzmäßigkeit der Verwaltung nur dann stellen, wenn das jeweilige Gesetz als Folge der eingetretenen Verjährung nicht das Erlöschen des Anspruchs vorschreibt. Besteht aber keine Vorschrift, wonach der Ablauf einer bestimmten Frist zum Erlöschen des Anspruchs führt, so betrifft die Frage, ob eine Pflicht zur Erhebung der Verjährungseinrede besteht, indessen gerade nicht die „gesetzlichen Folgen der Verjährung". Denn gesetzliche Folge der Verjährung ist in diesen Fällen nicht ihre Berücksichtigung; die Rechtsfolge des Ablaufs einer bestimmten Zeitspanne ist vielmehr bei einem gesetzlich normierten Einrederecht lediglich, daß der Schuldner sich auf die Verjährung berufen kann, aber nicht muß und ansonsten (bei fehlender Vorschrift über die Wirkung der Verjährung) gar nicht geregelt.

Ein Zwang zur Erhebung der Verjährungseinrede ergibt sich auch aus sonstigen Gründen nicht[66]. Daß die öffentliche Hand nicht etwa

---

[61] Daß es auch hier dem Gläubiger nur recht sein kann, wenn die Verjährung nur auf Einrede des Schuldners berücksichtigt wird — wie soeben ausgeführt — bedarf keiner besonderen Betonung.

[62] BSG, NJW 1972, 546 ff.

[63] Dazu im einzelnen: *Wolff / Bachof*, S. 174 ff.

[64] BSG, NJW 1972, 546 (547).

[65] Vgl. auch VG Stuttgart, NVwZ 1982, 578, wonach § 222 Abs. 1 BGB „bei Ansprüchen der öffentlichen Hand aus Gründen der Gesetzmäßigkeit der Verwaltung" im Verwaltungsrecht nicht entsprechend anwendbar sei.

[66] Das Haushaltsrecht verwehrt dem Staat einen Verzicht auf die Erhebung der Verjährungseinrede nicht, vgl. *Erdsiek*, NJW 1959, 471 (472).

sämtliche gegen sie erhobene vermögensrechtliche Ansprüche mit allen Mitteln — und sei es durch die Geltendmachung der Verjährung — zu Fall bringen muß, zeigen gerade die verwaltungsrechtlichen Vorschriften, in denen die Verjährung als Einrede ausgestaltet wurde. Dies kann nur den Sinn haben, daß der jeweiligen Behörde mit Rücksicht auf die konkreten Umstände des Falles ein Entscheidungsspielraum eingeräumt werden sollte. Ansonsten hätte es nämlich nahegelegen, wie in anderen Vorschriften der eingetretenen Verjährung die Wirkung beizulegen, daß der Anspruch erlischt.

b) Besteht somit bei Ansprüchen einer Zivilperson gegen den Staat keine Pflicht für diesen, die Verjährung geltend zu machen[67], ist andererseits ein Bedürfnis für die Behörde anzuerkennen, die Dispositionsbefugnis über die Berücksichtigung der Verjährung auszuüben, die es erlaubt, sich je nach den Umständen mit der Verjährung zu verteidigen oder davon abzusehen.

Dieses Bedürfnis ergibt sich daraus, daß es jedenfalls für zahlreiche Fallgestaltungen nicht unproblematisch ist, wenn ein Anspruch einer Zivilperson gegen den Staat an der Verjährung scheitert.

Auszugehen ist dabei davon, daß die „Verjährungseinrede von jeher in einem gewissen Zwielicht gestanden (hat), insbesondere dann, wenn der Staat sie sich als Hoheitsträger oder als Fiskus zunutze macht"[68]. *Erdsiek*[69] führt weiter aus, die maßgeblich durch die Kontrolle der öffentlichen Gewalt durch unabhängige Gerichte (Art. 19 Abs. 4 GG) geprägte, veränderte Auffassung des Staates im staatsbürgerlichen Bewußtsein der Gegenwart sei gekennzeichnet durch die „Entgötterung der öffentlichen Gewalten" und zwinge den Staat zum Erwerb seiner Autorität durch „strengste Wahrung einer rechtsstaatlichen Haltung". Dieser liefe es aber zuwider, wenn der Staat die ihm mit der Verjährung gegebene Rechtshilfe „bis zum letzten" ausnutzte, zumal die Geltendmachung der Verjährungseinrede gegenüber berechtigten Ansprüchen u. a. in weiten Kreisen des Handels, des Handwerks und der Beamtenschaft als anstößig gelte. Bei dieser Sachlage müsse dem Staat „der vorsichtigste und rücksichtsvollste Gebrauch der Einrede angeraten werden". Dem ist zuzustimmen[70].

---

[67] So ohne Begründung auch *Koschnick*, S. 61.

[68] *Erdsiek*, NJW 1959, 471; deutlich auch *Lohbeck*, NJW 1965, 1575; vgl. ferner *Bank*, Pr. Verw. Bl. 55 (1934), 536 f.; *Koschnick*, S. 60 f.

[69] *Erdsiek*, NJW 1959, 471 (472).

[70] So auch VG Schleswig, MDR 1969, 958, mit der Erwägung, „unter der Herrschaft des GG und angesichts moderner Verwaltungseinrichtungen" bestehe „allgemein eine Pflicht sozial angemessener Rechtsausübung", woraus in Verbindung mit der sozialen Funktion der den Aufgaben der „Daseinsvorsorge" dienenden öffentlich-rechtlichen Vorschriften die Pflicht des Staates

Zu weit würde allerdings die Forderung gehen, dem Staat die Verjährungseinrede ganz allgemein oder von vornherein für bestimmte Rechtsbereiche zu versagen[71], weil gerade gegen den Staat als sichersten Zahler oft querulatorische, offensichtlich unbegründete oder uralte Ansprüche geltend gemacht werden, gegen die er sich auch mit der Verjährung zur Wehr setzen können muß[72].

Eine solche vorsichtige und rücksichtsvolle Berufung auf die Verjährung ist aber jedenfalls dann geboten, wenn sie zwar nicht gar am Einwand der unzulässigen Rechtsausübung scheitert — was etwa der Fall ist, wenn die öffentliche Hand als Schuldner einer Zivilperson diesen Gläubiger, sei es auch unabsichtlich, von der Erhebung einer Klage abgehalten hat, wozu ein nach Art und Dauer qualifiziert rechtswidriges Verhalten der Behörde als Ursache dafür, daß der Berechtigte seinen Anspruch verjähren ließ, genügt —[73], aber doch — unterhalb dieser Schwelle — unter dem Gesichtspunkt der Billigkeit nicht unproblematisch ist. In Betracht kommen hier vor allem unstreitig begründete Ansprüche, die in besonderem Maße Ausdruck der staatlichen Fürsorgepflicht sind, wie beamtenrechtliche Versorgungs- oder Besoldungsansprüche[74] und Ansprüche auf Leistungen der Sozialhilfe[75]. Ferner sind zu nennen die Fälle, in denen die Behörde durch eigenes fehlerhaftes Verhalten selbst zum Ablauf der Verjährungsfrist beigetragen hat, sei es, daß der Fehler dem Verantwortungsbereich einer sonst pflichtgemäß handelnden Behörde nur deshalb nicht zuzurechnen ist in dem Sinne, daß er den Vorwurf einer unzulässigen Rechtsausübung begründen könnte, weil er auf einer „verborgenen Quelle"[76] beruht, oder stark von Umständen beeinflußt ist, die außerhalb der Behörde liegen, z. B. im eigenen Verhalten des Gläubigers[77].

Auch unabhängig von diesen Fallgruppen dürfte ein Bedürfnis der Verwaltung anzuerkennen sein, die Dispositionsbefugnis über die Ver-

---

— zumindest in diesem Bereich (Daseinsvorsorge) — folge, von der Berufung auf Verjährungsfristen nur in „rücksichtsvollster und vorsichtigster Weise" Gebrauch zu machen.

[71] So aber *Lohbeck*, NJW 1965, 1575.

[72] *Erdsiek*, NJW 1959, 471 (472).

[73] BVerwGE 23, 166 (173 f.); 42, 353 (356 f.); vgl. für das Beamtenrecht auch *Schütz*, Teil C, Rdnr. 33 d zu § 94 LBG NW.

[74] Vgl. OVG Münster, RiA 1974, 127 (129), wonach es „insbesondere gerade auch im Beamtenrecht bereits als anstößig angesehen (wird), überhaupt einem ... materiell begründeten Anspruch eines Beamten Verjährung einzuwenden"; *Palandt / Heinrichs*, vor § 194, Anm. 2; ferner BVerwGE 23, 166 (174), das die Frage offengelassen hat.

[75] *Lohbeck*, NJW 1965, 1575.

[76] So BVerwGE 23, 166 (173).

[77] BVerwGE 23, 166 (174). Hier ist insoweit maßgeblich zu beachten, ob beim Gläubiger grobe oder einfache Fahrlässigkeit vorliegt, vgl. BSG, DVBl. 1972, 546 (547 f.).

jährung bei gegen den Staat gerichteten Ansprüchen zu haben[78]. Denn nur dann ist sie in der Lage, nach ihrem insoweit uneingeschränkten Ermessen[79] zu entscheiden, ob sie angesichts der Umstände des gegebenen Falles die Verjährung geltend machen und sich damit möglicherweise dem Vorwurf unredlichen Verhaltens aussetzen will.

Diese Möglichkeit ist aber nur gegeben, wenn in den Fällen, in denen eine ausdrückliche Vorschrift des Verwaltungsrechts über die Verjährungswirkung fehlt, die Verjährung als Leistungsverweigerungsrecht angesehen wird, was durch die analoge Anwendung des § 222 Abs. 1 BGB erreicht werden kann. Führt nämlich die Verjährung nicht zu einem einredeweise geltend zu machenden Leistungsverweigerungsrecht, sondern zum Erlöschen des Anspruchs, ist dies von Amts wegen zu beachten. Ebenso wie einem solchen Anspruchsuntergang gegenüber der Einwand unzulässiger Rechtsausübung „denkgesetzlich ausgeschlossen (ist), da der Schuldner, wenn er sich auf die eingetretene Verjährung beruft, kein zu seiner Disposition stehendes Gegenrecht geltend macht, sondern lediglich auf den von seinem Willen unabhängigen, kraft Gesetzes eingetretenen Untergang des Anspruchs hinweist", muß dieser „vom Gericht auch dann beachtet werden..., wenn der Schuldner ausdrücklich erklärt..., er wolle aus der eingetretenen Verjährung keine Rechte herleiten[80].

Als Ausdruck der Erkenntnis, daß die Berufung des Staates auf die Verjährung bei gegen ihn gerichteten Ansprüchen von Zivilpersonen nicht unproblematisch ist, kann eine Vorschrift des Gerichtskostenrechts gewertet werden. Nach § 37 a Kostenverfügung (KostVfg)[81] gilt für die Einrede der Verjährung des Staates bei Ansprüchen auf Rückerstattung von Kosten (§ 10 Abs. 2 GKG, § 17 Abs. 2 KostO, § 14 JVKostO)[82] fol-

---

[78] Generell gegen eine Dispositionsbefugnis wohl *Koschnick*, S. 61, mit der Erwägung, die Verjährung als Leistungsverweigerungsrecht gebe der Verwaltung die Möglichkeit, sich „schäbig" zu zeigen, während dann, wenn durch die Verjährung das Recht erlösche, dem Verpflichteten überhaupt schon die Möglichkeit genommen sei, „schäbig" zu sein.

[79] BSG, DVBl. 1972, 546 (548); vgl. auch OVG Münster, DÖD 1979, 229 (231), wo die Erhebung einer Verjährungseinrede nicht als ermessensfehlerhaft angesehen wurde, weil die Behörde sich dabei nicht von sachfremden Erwägungen hatte leiten lassen und auch nicht zu beanstanden war, daß sie mit der Berufung auf die Verjährung fiskalischen Interessen den Vorzug vor den Interessen der Klägerin gab, die die geltend gemachten Ansprüche (nur) geerbt hatte.

[80] So OVG Koblenz, NJW 1973, 1341 (1343). Unrichtig deshalb VG Stuttgart, NVwZ 1982, 578: „Der auch gegenüber einer anspruchsvernichtenden Verjährung im öffentlichen Recht mögliche Einwand unzulässiger Rechtsausübung..."

[81] v. 1. März 1976, bundeseinheitlich bekanntgemacht (vgl. z. B. JMBl. NW S. 61), abgedruckt in: Bundeskostengesetze, 13. Auflage, S. 115 ff.; *Hartmann*, Kostengesetze, S. 879 ff.

[82] Zu diesen Vorschriften oben, §§ 2 III 1, 4 I 2.

gendes: „Ist der Anspruch auf Erstattung von Kosten verjährt, so hat
der Kostenbeamte die Akten dem zur Vertretung der Staatskasse zu-
ständigen Beamten vorzulegen. Soll nach dessen Auffassung die Verjährungseinrede erhoben werden, so ist hierzu die Einwilligung des unmittelbar vorgesetzten Präsidenten einzuholen. Von der Erhebung der
Verjährungseinrede kann mit Rücksicht auf die Umstände des Falles
abgesehen werden. Hat der zur Vertretung der Staatskasse zuständige
Beamte dem Kostenbeamten mitgeteilt, daß die Verjährungseinrede
nicht erhoben werden soll, so ist dies in der Kassenanordnung zu ver-
merken."

Die Entscheidung, die Verjährungseinrede bei Ansprüchen auf Rückerstattung von Kosten zu erheben, kann danach der zur Vertretung
der Staatskasse zuständige Beamte nicht allein treffen — ein Allein-
entscheidungsrecht besteht nur dann, wenn er die Verjährung nicht
einreden will —, vielmehr bedarf es dazu der Einwilligung des Ge-
richtspräsidenten. Dies bedeutet, daß die Erhebung der Verjährungseinrede — offenbar in Kenntnis ihrer Problematik — einer besonderen
Kautel unterworfen wurde.

Schließlich überzeugt auch nicht die von *Maas*[83] vorgebrachte Argumentation, bei gegen den Staat gerichteten Ansprüchen könne es „nicht
dem Willen des einzelnen Beamten überlassen bleiben, zu entscheiden,
nach welchen Gesichtspunkten er bei der Erhebung der Einrede verfahren will", auch „müßten die einzelnen Behörden in diesem Punkte
einheitlich vorgehen", so daß „allgemeine Anweisungen über diese Frage an die Beamten ergehen" müßten, die jedoch „nirgends vorhanden"
seien.

Diese Meinung übersieht, daß bei der Verjährung gerade ein Spiel-
raum der Verwaltung anzuerkennen ist, um in all den gar nicht vor-
aussehbaren und legislativ oder durch Verwaltungsrichtlinien nur grob
typisierend und schematisierend erfaßten Lebenssituationen der Gerechtigkeit Geltung zu verschaffen; nur so kann eine möglichst gerechte, zweckmäßige und bewegliche Anpassung der konkreten Rechtsge-
staltung an die besonderen Gegebenheiten von Einzelfällen erfolgen[84].
Die Gefahr, daß von der Erhebung der Verjährungseinrede ein un-
einheitlicher Gebrauch gemacht wird[85], ist nicht größer als in anderen
Rechtsbereichen, in denen das Handeln nicht im einzelnen vorgeschrie-

---

[83] *Maas*, S. 83; vgl. auch *Koschnick*, S. 62.

[84] Vgl. im allgemeinen zu der Notwendigkeit, der Verwaltung für den Einzelfall eine Entscheidungsfreiheit einzuräumen: *Wolff / Bachof*, S. 185 ff.;
Forsthoff, S. 81 ff.

[85] Vgl. *Koschnick*, S. 62: „Die zahlreichen Organe würden dies aber bald so
oder so handhaben; bald würden sie es geltend machen, bald großzügig unterlassen."

ben ist, und muß angesichts der von der Rechtsprechung mittlerweile aufgestellten Rechtmäßigkeitsvoraussetzungen der Berufung auf die Verjährungseinrede[86] als gering eingeschätzt werden. Zudem unterliegt die Erhebung der Verjährungseinrede der gerichtlichen Kontrolle.

3. Damit ergibt sich zusammenfassend: Durchgreifende Gründe dafür, die Verjährung vermögensrechtlicher Ansprüche des Verwaltungsrechts bei fehlender gesetzlicher Regelung von Amts wegen zu berücksichtigen, bestehen nicht. Vielmehr entspricht es den beteiligten Interessen der jeweiligen Schuldner und Gläubiger dieser Ansprüche — dies gilt auch, wenn sowohl Schuldner wie Gläubiger eines Anspruchs ein Subjekt öffentlicher Verwaltung ist[87], was keiner näheren Darlegung bedarf —, die Verjährung auch im Verwaltungsrecht nur dann zu berücksichtigen, wenn sich der jeweilige Schuldner des Anspruchs auf die Verjährung beruft. Der für die in § 222 Abs. 1 BGB angeordnete Regelung maßgebliche Normzweck des Gesetzes trifft auch auf die Interessenlage bei der verwaltungsrechtlichen Verjährung zu; gegen die analoge Anwendung dieser Vorschrift im Verwaltungsrecht bestehen keine Bedenken.

---

[86] Vgl. BVerwGE 23, 166 (173 f.); 42, 353 (356 f.); BVerwG, NVwZ 1983, 740 f.

[87] Z. B. bei Kostenerstattungsansprüchen zwischen verschiedenen Trägern der Sozialhilfe nach §§ 103 ff. BSHG (dazu oben, § 2 III 1).

Dritter Teil

Der richterliche Hinweis
auf die verwaltungsrechtliche Verjährung

§ 12 Die richterliche Hinweis- und Erörterungspflicht

I. Der zweite Teil der Untersuchung hat gezeigt, daß die verwaltungsrechtliche Verjährung teilweise von Amts wegen und teilweise vom Gericht erst dann zu berücksichtigen ist, wenn sie vom Berechtigten geltend gemacht wurde.

Während im Verwaltungsprozeß bei der Behandlung der verwaltungsrechtlichen Verjährung der ersten Fallgruppe (Berücksichtigung der Verjährung von Amts wegen) keine außergewöhnlichen Schwierigkeiten auftreten, kann in der Prozeßpraxis in den anderen, wohl zahlreicheren Fällen (Berücksichtigung der Verjährung nur auf Einrede kraft ausdrücklicher verwaltungsrechtlicher Anordnung oder kraft Analogie zu § 222 Abs. 1 BGB) ein Problem auftreten: Gemeint ist die Situation, daß nach dem gegebenen Sachverhalt der geltend gemachte Anspruch möglicherweise verjährt ist, der Beklagte aber die Verjährungseinrede nicht — auch nicht andeutungsweise und laienhaft[1] — erhoben hat.

Diese Fallgestaltung ist für den Zivilprozeß nichts Ungewöhnliches[2]. Daß sich dort ein Beklagter nicht auf das Eingreifen der Verjährung beruft, beruht in vielen Fällen darauf, daß er gar nicht weiß, daß der gegen ihn eingeklagte Anspruch (möglicherweise) verjährt ist[3]. Noch wahrscheinlicher als im Zivilrecht ist eine solche Unkenntnis im Verwaltungsrecht. Denn in diesem Rechtsbereich macht bereits das Auffinden des für den konkreten Fall anwendbaren positiven Rechts oft große Schwierigkeiten[4]. Erst recht fern liegt für den Beklagten der Ge-

---

[1] Vgl. z. B. LG Frankfurt, NJW 1972, 261: Wiederholte Erklärung des Beklagten, „er könne nach so langer Zeit seine Zahlung nicht mehr durch die Vorlage einer Quittung beweisen".

[2] *Seelig*, S. 69 ff., 79 ff.

[3] *E. Schneider*, MDR 1979, 974 (975 f.); *Koch*, NJW 1966, 1648 f.; *Rogge*, DRiZ 1978, 266 f.; *Jahr*, JuS 1964, 293 (303); *Spiro*, S. 553 f.

[4] BVerwGE 16, 94 (98); *Redeker*, NVwZ 1982, 1 (2); *Tietgen*, DVBl. 1963, 780.

danke an die Verjährung dann, wenn dieses Rechtsinstitut ohne ausdrückliche Vorschrift kraft Analogie eingreift[5]. Wenig hilft hier der Hinweis darauf, diese Schwierigkeiten seien jedenfalls bei anwaltlich beratenen Beklagten nicht gegeben. Denn bei Verwaltungsgerichten und selbst bei Oberverwaltungsgerichten besteht kein Anwaltszwang (§ 67 VwGO). Während aber für den Bürger im gesamten Bereich des Zivilrechts die Beratung durch den Anwalt auch da fast selbstverständlich ist, wo sie nicht gesetzlich zwingend vorgeschrieben ist, etwa in Verfahren vor den Amtsgerichten, fehlt es im verwaltungsgerichtlichen Bereich an dieser Selbstverständlichkeit[6]. Zudem entsteht in der verwaltungsgerichtlichen Praxis oftmals der Eindruck, daß Anwälte mit dieser Materie nicht oder nur wenig vertraut sind[7].

Wenn sich der Beklagte im Verwaltungsprozeß nicht auf die nach dem gegebenen Sachverhalt möglicherweise oder sicher vorliegende Verjährung des eingeklagten Anspruchs beruft, stellt sich — mit Ausnahme der Fälle, in denen die verwaltungsrechtliche Verjährung das Erlöschen des Anspruchs zur Folge hat, also von Amts wegen zu berücksichtigen ist — die Frage nach dem Verhalten des Gerichts. Ist das Gericht gehalten, in Kenntnis der (möglicherweise) eingetretenen Verjährung über diesen Gesichtspunkt Stillschweigen zu bewahren und der Klage entweder ohne weiteres stattzugeben oder den Prozeß mit der Entscheidung über komplizierte Rechtsfragen und womöglich mit einer umfangreichen Beweisaufnahme abzuschließen, obwohl das Institut der Verjährung doch gerade den Zweck[8] hat, die Rechtsverfolgung aus weit zurückliegenden und oft nicht mehr voll aufklärbaren Sachverhalten abzuschneiden, wenn die betroffene Partei es so will? Oder darf das Gericht bei der Erörterung der Streitsache in der mündlichen Verhandlung (§ 104 Abs. 1 VwGO) bzw. in einem Erörterungstermin (§ 87 VwGO) oder schriftlich auf die Verjährung hinweisen, etwa in der Weise[9], daß Ansprüche in gewisser Zeit verjähren, daß das in concreto eingetreten sein könnte und daß es nun im Ermessen des Beklagten stehe, ob er die Einrede der Verjährung erheben wolle?

Dieses Problem ist für den Bereich des Zivilprozesses heftig umstritten. Dort wird von Rechtsprechung und Literatur der Hinweis auf eine mögliche, sich aus dem Prozeßstoff ergebende Verjährungseinrede teils für unzulässig[10] und teils für zulässig[11] gehalten. Dagegen fehlt es für

---

[5] Zu diesen Fällen oben, § 4 II 1.

[6] *Redeker*, NVwZ 1982, 1 (2).

[7] Zu den Gründen hierfür: *Redeker*, NVwZ 1982, 1 ff.

[8] Oben, §§ 3, 8 II.

[9] So *Koch*, NJW 1966, 1648.

[10] Z. B. OLG Bremen, NJW 1979, 2215; OLG Köln, MDR 1979, 1027 f.; LG Darmstadt, MDR 1982, 236; *Prütting*, NJW 1980, 361 (364 f.); *Stephan*, in: Zöl-

die entsprechende verwaltungsprozessuale Fragestellung — soweit ersichtlich — an Erörterungen der Problematik[12].

II. Für den Verwaltungsprozeß könnte sich die Lösung der dargelegten Frage aus Vorschriften der Verwaltungsprozeßordnung ergeben[13]; dabei kommen allein die §§ 86 Abs. 3, 104 Abs. 1 VwGO in Betracht: Nach § 86 Abs. 3 VwGO hat der Vorsitzende darauf hinzuweisen, daß Formfehler beseitigt, unklare Anträge erläutert, sachdienliche Anträge gestellt, ungenügende tatsächliche Angaben ergänzt, ferner alle für die Feststellung und Beurteilung des Sachverhalts wesentlichen Erklärungen abgegeben werden[14]. Nach § 104 Abs. 1 VwGO hat der Vorsitzende die Streitsache mit den Beteiligten tatsächlich und rechtlich zu erörtern[15].

1. Die verfahrensrechtliche Pflicht des Vorsitzenden nach § 86 Abs. 3 VwGO, „eine der bedeutsamsten richterlichen Pflichten"[16], die nicht nur für die mündliche Verhandlung und bei Durchführung eines Erörterungstermins (§ 87 VwGO), sondern für das gesamte Verfahren gilt[17] und die anstelle des gängigen Begriffs „Aufklärungspflicht"[18] zutref-

---

ler, § 139 ZPO, Anm. II 2; *Thomas / Putzo*, § 139 ZPO, Anm. 2 b, bb; *Stemmler*, S. 207 ff., 214 f.; *Stürner*, S. 27, 60 f.; *Schellhammer*, S. 231; *Kuchinke*, JuS 1967, 295 (299).

[11] Z. B. LG Braunschweig, NdsRpfl. 1979, 146 f.; LG Frankfurt, MDR 1980, 145; E. *Schneider*, MDR 1979, 974 ff.; *Rogge*, DRiZ 1978, 266 f.; *Vollkommer*, in: Zöller, § 42 ZPO, Anm. III 3 a; *Hilden*, ZPR 1977, 41 (44); *Wacke / Seelig*, NJW 1980, 1170 f.; *Wassermann*, S. 116 ff.; *Bender / Belz / Wax*, S. 8.

[12] Vgl. aber den Hinweis von *Kopp*, § 86 VwGO, Rdnr. 24, unter Bezugnahme auf OLG Bremen, NJW 1979, 2215: „Rechtsberatung ist grundsätzlich nicht Aufgabe des Gerichts."

[13] Auch für den Zivilprozeß wird die Lösung in der Prozeßordnung gesucht, wobei insbesondere auf § 139 Abs. 1 ZPO („Der Vorsitzende hat dahin zu wirken, daß die Parteien über alle erheblichen Tatsachen sich vollständig erklären und die sachdienlichen Anträge stellen, insbesondere auch ungenügende Angaben der geltend gemachten Tatsachen ergänzen und die Beweismittel bezeichnen. Er hat zu diesem Zwecke, soweit erforderlich, das Sach- und Streitverhältnis mit den Parteien nach der tatsächlichen und rechtlichen Seite er erörtern und Fragen zu stellen.") und auf § 278 Abs. 3 ZPO („Auf einen rechtlichen Gesichtspunkt, den eine Partei erkennbar übersehen oder nicht für erheblich gehalten hat, darf das Gericht, soweit nicht nur eine Nebenforderung betroffen ist, seine Entscheidung nur stützen, wenn es Gelegenheit zur Äußerung dazu gegeben hat.") verwiesen wird; vgl. etwa LG Frankfurt, MDR 1980, 145; E. *Schneider*, MDR 1979, 974 ff.; *Wacke / Seelig*, NJW 1980, 1170 f.; *Seelig*, S. 93 ff., 111.

[14] Entsprechend: § 106 Abs. 1 Sozialgerichtsgesetz sowie § 76 Abs. 2 Finanzgerichtsordnung.

[15] Entsprechend: §§ 112 Abs. 2, 121 Sozialgerichtsgesetz sowie § 93 Abs. 1 Finanzgerichtsordnung.

[16] *Eyermann / Fröhler*, § 86 VwGO, Rdnr. 23.

[17] BVerwG 21, 216 (217); *Redeker / von Oertzen*, § 86 VwGO, Rdnr. 17.

[18] Vgl. z. B. *Eyermann / Fröhler*, § 86 VwGO, Rdnr. 23 ff.; *Redeker / von Oertzen*, § 86 VwGO, vor Rdnr. 17.

fender mit dem Begriff „Hinweispflicht"[19] umschrieben wird[20], hat das Bundesverwaltungsgericht wie folgt gekennzeichnet: „Die Verwaltungsgerichte dürfen ... eine Klage nicht an der Unbeholfenheit und der mangelnden Vertrautheit des Klägers mit der Fülle der selbst für Rechtskundige oft nur schwer übersehbaren gesetzlichen Vorschriften scheitern lassen. Sie müssen ihm vielmehr aufgrund ihres besseren Überblicks bei der Rechtsverfolgung durch die in § 86 Abs. 3 VwGO zur Pflicht gemachten Hinweise behilflich sein und ihm den rechten Weg weisen, wie er im Rahmen der jeweils gegebenen Möglichkeiten das erstrebte Ziel am besten und zweckmäßigsten erreichen kann[21]." „Maßgeblich für die hiernach gebotenen Hinweise des Vorsitzenden ist die rechtliche Beurteilung des Gerichts. Ist der Kläger anwaltlich vertreten, so ist die Belehrungspflicht ihrem Umfang nach zwar geringer als sonst; sie ist jedoch nicht etwa von vornherein ausgeschlossen. Sie umfaßt je nach der Lage des Einzelfalles auch den Hinweis auf solche als sachdienlich angesehenen Anträge, die nur im Wege der Klageänderung in den anhängigen Rechtsstreit eingeführt werden können. Die Unterlassung einer Anregung zur Änderung des Klageantrages stellt einen Verfahrensmangel dar, wenn sich eine solche Anregung dem Vorsitzenden angesichts der nach Auffassung des Berufungsgerichts eindeutigen Sach- und Rechtslage aufdrängen mußte[22]." \

Die in § 104 Abs. 1 VwGO normierte Pflicht, die Streitsache mit den Beteiligten tatsächlich und rechtlich zu erörtern (Erörterungspflicht)[23], soll „unter anderem verhindern, daß die Beteiligten durch eine Entscheidung überrascht werden, die auf solchen tatsächlichen oder rechtlichen Gesichtspunkten beruht, die ihnen nicht (oder doch nicht in dieser Bedeutung) bekannt waren"[24].

2. Den §§ 86 Abs. 3, 104 Abs. 1 VwGO läßt sich indessen eine Lösung der Frage, ob das Gericht befugt ist, den Beklagten auf den Gesichtspunkt der Verjährung hinzuweisen, nicht entnehmen.

---

[19] So z. B. *Kopp*, § 86 VwGO, Rdnr. 22; *Baur*, in: Rechtsschutz im Sozialrecht, S. 35 ff.

[20] *Bachof*, JZ 1966, 302 (308 FN 70): Weil der Ausdruck „Aufklärungspflicht" auch und in erster Linie für die aus dem Untersuchungsgrundsatz folgende richterliche Pflicht zur Sachverhaltsaufklärung verwendet wird. Vgl. auch *Grunsky*, S. 178.

[21] BVerwGE 16, 94 (98); BVerwG, Buchholz 310 § 104 VwGO Nr. 10 S. 2 f.; vgl. auch: BVerwGE 21, 216 (217); 29, 262 (268); 36, 264 (267); BVerwG, NJW 1977, 1465 (Formulierungshilfe bei der Fassung des Klageantrags).

[22] BVerwG, Buchholz 310 § 86 Abs. 3 VwGO Nr. 31 S. 5 (mit zahlreichen weiteren Nachweisen).

[23] Vgl. z. B. *Kopp*, § 104 VwGO, Rdnr. 3.

[24] BVerwG, Buchholz 406.11 § 30 BBauG Nr. 5 S. 3 f.

a) Zunächst gebieten diese Vorschriften einen gerichtlichen Hinweis auf die verwaltungsrechtliche Verjährung nicht.

Selbst wenn man § 86 Abs. 3 VwGO mit dem Bundesverwaltungsgericht[25] weit auslegt[26], so umfaßt die Pflicht, einem Beteiligten „den rechten Weg (zu) weisen, wie er im Rahmen der jeweils gegebenen Möglichkeiten das erstrebte Ziel am besten und zweckmäßigsten erreichen kann"[27], nicht die Pflicht, einen Beklagten auf die möglicherweise oder sicher eingreifende Verjährung hinzuweisen. Denn wenn ein Beklagter sich gegen eine Inanspruchnahme wehrt und einen Klageabweisungsantrag stellt, so deutet dies nicht darauf hin, daß er mit allen möglichen Mitteln — und sei es durch die Verjährung — freikommen will[28]. Eine solche Annahme ist im Hinblick darauf, daß der Verjährungseinrede ein „Hauch von Immoralität"[29] anhaftet[30], nicht gerechtfertigt[31].

Auch § 104 Abs. 1 VwGO besagt nicht, daß das Gericht auf die Verjährung hinweisen muß. Denn eine Überraschungsentscheidung, die durch diese Vorschrift vermieden werden soll[32], ist im Fall der Verjährung der Klageforderung nicht denkbar, weil bei einer nicht von Amts wegen zu berücksichtigenden verwaltungsrechtlichen Verjährung die Klage nur dann abgewiesen werden kann, wenn der Beklagte die entsprechende Einrede erhoben hat[33].

b) Die Vorschriften der §§ 86 Abs. 3, 104 Abs. 1 VwGO, die somit einen gerichtlichen Hinweis auf die Verjährung nicht gebieten, verbieten andererseits einen solchen Hinweis aber auch nicht.

Denn beide Vorschriften bezeichnen Pflichten, nicht Befugnisse des Gerichts. Hierzu hat das Bundesverwaltungsgericht ausgeführt: „ . . . mit der Bestimmung, was der Vorsitzende zu tun hat, d. h. zu tun verpflich-

---

[25] BVerwGE 16, 94 (98); BVerwG, Buchholz 310 § 104 VwGO Nr. 10 S. 2 f.

[26] Zustimmend z. B.: *Ule*, S. 130; *Mayer-Ladewig*, § 106 SGG, Rdnr. 4; *Tipke / Kruse*, § 76 FGO, Rdnr. 8, wohl auch *Bettermann*, in: Festgabe Bundesvertungsgericht, S. 61 (64). Kritisch z. B. *Tietgen*, DVBl. 1963, 780 ff.; *Eyermann / Fröhler*, § 86 VwGO, Rdnr. 24; vgl. auch *Bachof*, JZ 1966, 302 (308): „Außerordentlich weit".

[27] BVerwGE 16, 94 (98); BVerwG, Buchholz 310 § 104 VwGO Nr. 10 S. 2 f.

[28] So aber *Seelig*, S. 10.

[29] *Seelig*, S. 59 f.

[30] Vgl. oben, § 8 II 3.

[31] So zutreffend: *E. Schneider*, MDR 179, 974 (976).

[32] BVerwG, Buchholz 406.11 § 30 BBauG Nr. 5 S. 3 f.; BVerwG, Buchholz 310 § 104 VwGO Nr. 10 S. 3; *Eyermann / Fröhler*, § 104 VwGO, Rdnr. 2; *Kopp*, § 104 VwGO, Rdnr. 3.

[33] So für die Vorschrift des § 278 Abs. 3 ZPO, durch die ebenfalls eine Überraschungsentscheidung vermieden werden soll (vgl. *Seelig*, S. 95): OLG Köln, MDR 1979, 1027 f.

tet ist, begrenzen sie nicht rechtlich das, was er tun darf, um seiner Aufgabe gerecht zu werden, das Verfahren auf eine tatsächlich richtige, dem Recht entsprechende und die Rechte aller Beteiligten wahrende Gerichtsentscheidung hinzuführen. Die soeben zu § 86 Abs. 3 und § 104 Abs. 1 VwGO wiedergegebenen Erläuterungen geben zwar Hinweise auch für diese Befugnis des Vorsitzenden und bezeichnen gleichsam deren untere Grenze; sie haben aber weder den Inhalt noch den Sinn, diese Leitungsbefugnis auch gleichsam nach oben zu beschränken. Solche Beschränkungen ergeben sich aus anderen Normen und Rechtsgrundsätzen des Gerichtsverfahrensrechts, wie etwa aus den Geboten, rechtsfehlerhafte Entscheidungen zu vermeiden, unparteiisch zu verhandeln und zu entscheiden und die Dispositionsfreiheit der Beteiligten nicht einzuengen"[34].

§ 13 Das richterliche Hinweisrecht

Kann somit der richterlichen Hinweispflicht nach § 86 Abs. 3 VwGO sowie der richterlichen Erörterungspflicht nach § 104 Abs. 1 VwGO nichts für die Frage der Zulässigkeit eines gerichtlichen Hinweises auf die verwaltungsrechtliche Verjährung entnommen werden, so fragt sich, ob einem solchen Hinweis, wie es das Bundesverwaltungsgericht formuliert[1], „andere Normen und Rechtsgrundsätze des Gerichtsverfahrensrechts" entgegenstehen.

I. Das in der Entscheidung des Bundesverwaltungsgerichts erwähnte Gebot, rechtsfehlerhafte Entscheidungen zu vermeiden, hindert einen gerichtlichen Hinweis auf die Verjährung nicht.

Zwar verlangt die Rechtslage, die Verjährung nicht zu berücksichtigen, solange der Beklagte sich darauf nicht beruft; ein trotz Verjährung stattgebendes Urteil entspricht in diesen Fällen deshalb der formellen Gerechtigkeit. Daß die Entscheidung aber auch materiell gerecht ist, kann nur dann angenommen werden, wenn durch einen Hinweis des Gerichts auf die Verjährung sichergestellt ist, daß der Inanspruchgenommene von der Möglichkeit, die Verjährung einzureden, überhaupt weiß[2]. Erst dann kann nämlich ausgeschlossen werden, daß die Berufung auf die Verjährung aufgrund von Unkenntnis oder aufgrund eines Versehens unterbleibt, und nicht deshalb, weil von dieser Vertei-

---

[34] BVerwG, Buchholz 310 § 104 VwGO Nr. 10 S. 3.

[1] BVerwG, Buchholz 310 § 104 VwGO Nr. 10 S. 3.

[2] So wohl auch LG Frankfurt, MDR 1980, 145 mit der Erwägung, es sei „dem Gericht nicht zuzumuten, aufgrund eines erkennbaren Versehens eines Prozeßbevollmächtigten eine möglicherweise der materiellen Rechtslage nicht entsprechende Entscheidung zu fällen".

digungsmöglichkeit vom Beklagten bewußt kein Gebrauch gemacht wird.

Demgegenüber wird allerdings geltend gemacht: Hinter der Aussage, daß nur bei einem Hinweis auf die Verjährung gerechte und sachlich zutreffende Entscheidungen erzielt werden könnten, stehe im Grunde die Erwägung, daß eine Verurteilung zur Leistung immer dann sachlich unrichtig und ungerecht sei, wenn die Gegenpartei den Einwand der Verjährung hätte erheben können. Eine solche Erwägung greife in Wahrheit freilich das geltende Recht und seine Konzeption der Verjährung als einer Einrede an[3]. Insbesondere §§ 813 Abs. 1 Satz 2, 222 Abs. 2 BGB ständen dieser Auffassung ausdrücklich entgegen[4].

Dem ist jedoch nicht zuzustimmen. Vielmehr ist eine Verurteilung zur Leistung zwar dann richtig und gerecht, wenn die Gegenpartei in Ausübung der vom Gesetz gewollten Disposition über diese Verteidigungsmöglichkeit auf die Verjährungseinrede — bewußt — verzichtet, nicht aber, wenn sie von dieser Verteidigungsmöglichkeit keine Kenntnis hat. Diese Erwägung greift auch nicht das geltende Recht und seine Konzeption der Verjährung als einer Einrede an, sondern entspricht ihm gerade. Die Vorschriften der §§ 813 Abs. 1 Satz 2, 222 Abs. 2 BGB[5] sind im übrigen nicht einschlägig. Sie bestimmen, daß eine Leistung, die zwecks Erfüllung eines verjährten Anspruchs erbracht wurde, nicht zurückgefordert werden kann[6]. Hier geht es aber nicht erst um die Rückabwicklung einer erbrachten Leistung, sondern bereits um die Erbringung der Leistung.

II. Da durch einen gerichtlichen Hinweis auf die Verjährung auch das in der wiedergegebenen Entscheidung des Bundesverwaltungsgerichts[7] genannte Gebot, die Dispositionsfreiheit der Beteiligten nicht einzuengen, nicht verletzt wird, sondern im Gegenteil eine Dispositionsmöglichkeit über die Verjährung gerade erst eröffnet werden soll[8], bleibt allein fraglich, ob einem solchen Hinweis des Gerichts das Gebot entgegensteht, „unparteiisch zu verhandeln und zu entscheiden".

---

[3] LG Darmstadt, MDR 1982, 236.

[4] So *Prütting*, NJW 1980, 361 (364).

[5] § 222 Abs. 2 BGB: „Das zur Befriedigung eines verjährten Anspruchs Geleistete kann nicht zurückgefordert werden, auch wenn die Leistung in Unkenntnis der Verjährung bewirkt worden ist. Das gleiche gilt von einem vertragsmäßigen Anerkenntnisse sowie einer Sicherheitsleistung des Verpflichteten"; § 813 Abs. 1 Satz 2 BGB nimmt hierauf Bezug.

[6] Vgl. dazu *Enneccerus / Nipperdey*, S. 1432: „Die Zahlung (oder anderweite Befriedigung) des verjährten Anspruchs ist nicht Schenkung und nicht grundlos, sondern Zahlung einer Schuld. Die Rückforderung ist daher auch dann ausgeschlossen, wenn in Unkenntnis der Verjährung gezahlt wurde."

[7] BVerwG, Buchholz 310 § 104 VwGO Nr. 10 S. 3.

[8] *E. Schneider*, MDR 1979, 974 (976); *Seelig*, S. 88.

1. In der Tat vertritt das *OLG Bremen*[9] die Auffassung, „daß ein ohne Aufforderung gegebener und nicht durch besondere Umstände gebotener Hinweis des Richters auf (die) eingetretene Verjährung mit der Verpflichtung des Richters zur Objektivität nicht vereinbar ist" und die Besorgnis der Befangenheit begründet[10]. Ferner hat das *OLG Köln*[11] eine Befangenheitsablehnung in einem Fall für begründet gehalten, in dem das Gericht die Parteien im Anwaltsprozeß durch Beschluß gemäß den §§ 139, 278 ZPO auf den übersehenen Ablauf der Verjährung hingewiesen hat, obwohl der Beklagte sich bis dahin „auch nicht andeutungsweise" darauf berufen hatte. Diesen Entscheidungen und den in Einklang damit stehenden Literaturmeinungen[12] kann aber nicht gefolgt werden.

2. Nach § 42 Abs. 2 ZPO (i. V. m. § 54 Abs. 1 VwGO[13]) kann ein Richter wegen Besorgnis der Befangenheit abgelehnt werden, wenn ein Grund vorliegt, der geeignet ist, Mißtrauen gegen seine Unparteilichkeit zu rechtfertigen.

Durch die Ablehnung wegen Befangenheit soll der Gefahr unsachlicher Beweggründe bei der Rechtsprechung begegnet und das Vertrauen in die Unparteilichkeit der Rechtsprechung gewährleistet werden; andererseits wird durch eine zu weitgehende Bejahung der Besorgnis der Befangenheit das Prinzip des gesetzlichen Richters (Art. 101 Abs. 1 Satz 2 GG) tangiert[14].

Eine Besorgnis der Befangenheit i. S. d. § 42 Abs. 2 ZPO — das Gesetz überläßt die Entscheidung hierüber ohne jede Kasuistik der pflichtgemäßen Beurteilung des konkreten Falles — liegt vor, wenn die betreffende Partei die auf objektiv feststellbaren Tatsachen beruhende, subjektiv vernünftigerweise mögliche Besorgnis hat, der Richter werde in der Sache nicht unparteilich, unvoreingenommen oder unbefangen entscheiden. Weder ist erforderlich, daß objektiv der Richter tatsächlich befangen oder voreingenommen ist, noch weniger, daß er parteilich ist. Die rein subjektive Besorgnis, die nicht auf konkreten Tatsachen

---

[9] NJW 1979, 2215.

[10] Der Leitsatz der Entscheidung lautet: „Der Hinweis eines Richters auf die Möglichkeit, die Einrede der Verjährung zu erheben, begründet in der Regel die Besorgnis der Befangenheit."

[11] MDR 1979, 1027 f.

[12] Vgl. etwa *Thomas / Putzo*, § 42 ZPO, Anm. 2 b cc; *Prütting*, NJW 1980, 361 (365); *Schellhammer*, S. 657.

[13] Auf § 42 Abs. 2 ZPO verweisen auch § 60 Abs. 1 Satz 1 Sozialgerichtsgesetz und § 51 Abs. 1 Finanzgerichtsordnung.

[14] *Stein / Jonas*, § 42 ZPO, Anm. II 1. Vgl. im einzelnen zu der verfassungsrechtlichen Dimension der richterlichen Befangenheit: *Stemmler*, S. 6 ff.; *Ernst*, S. 4 ff.

beruht oder für die vernünftigerweise bei Würdigung der Tatsachen kein Grund ersichtlich ist, reicht dagegen zur Ablehnung nicht aus[15].

Diesen „aus subjektiven und objektiven Elementen kombinierten Maßstab"[16] verdeutlicht *Hartmann*[17] folgendermaßen: „Wer über ein Ablehnungsgesuch entscheiden muß, der muß sich also in die Rolle der ablehnenden Partei zu versetzen versuchen und ihre persönlichen Befürchtungen zwar zugrunde legen, aber zugleich vom Standpunkt eines außenstehenden Dritten auf ihre Stichhaltigkeit überprüfen. Erst wenn auch aus der Sicht eines solchen unparteiischen Dritten subjektive Befürchtungen der ablehnenden Partei immerhin verständlich und nicht ziemlich grundlos zu sein scheinen, ist die Besorgnis der Befangenheit gegeben." Die hiernach für die Annahme einer Befangenheit erforderlichen Voraussetzungen liegen bei einem richterlichen Hinweise auf die Verjährung nicht vor, weil ein solcher der Aufgabe des Richters gerecht wird, das Verfahren auf eine „dem Recht entsprechende" Gerichtsentscheidung hinzuführen[18].

Wann in diesem Sinne eine Entscheidung dem Recht entspricht, beurteilt sich (jedenfalls auch) unter dem Gesichtspunkt materieller, wertorientierter Gerechtigkeit. Hierzu führt das Bundesverfassungsgericht[19] aus: „Die richterliche Unparteilichkeit ist kein wertfreies Prinzip, sondern an den Grundwerten der Verfassung orientiert, insbesondere am Gebot sachgerechter Entscheidung im Rahmen der Gesetze unter dem Blickpunkt materialer Gerechtigkeit."

Die Verjährung muß geltend gemacht werden, damit der Schuldner eines Anspruchs darüber entscheiden kann, ob er von diesem nach Ansicht mancher Bevölkerungskreise unehrenhaften Verteidigungsmittel Gebrauch machen will; das Erfordernis der Einredeerklärung ist vom Gesetzgeber zugunsten des Einredeberechtigten (Schuldners), nicht zugunsten des Einredegegners (Gläubigers) geschaffen worden[20]. Man

---

[15] Vgl. BVerfGE 20, 9 (14); 32, 288 (290); 43, 126 (127); BayObLG, DRiZ 1977, 244 (245); *Redeker / von Oertzen*, § 54 VwGO, Rdnr. 9; *Eyermann / Fröhler*, § 54 VwGO, Rdnr. 11; *Kopp*, § 54 VwGO, Rdnr. 10; *Thomas / Putzo*, § 42 ZPO, Anm. 2 b; *Meyer-Ladewig*, § 60 SGG, Rdnr. 7; *Hübschmann / Hepp / Spitaler*, § 51 FGO, Rdnr. 20.

[16] *Stemmler*, S. 108 f.

[17] *Hartmann*, in: Baumbach / Lauterbach / Hartmann / Albers, § 42 ZPO, Anm. 2 A b aa.

[18] Vgl. zu dieser Aufgabe: BVerwG, Buchholz 310 § 104 VwGO Nr. 10 S. 3; LG Frankfurt, MDR 1980, 145; OLG Köln, MDR 1979, 1027: „sachlich richtige Entscheidung". Vgl. auch *Kopp*, in: Festgabe Bundesverwaltungsgericht, S. 387 (392) für die Aufgabe der Verwaltung, „eine sachlich richtige Entscheidung gem. den geltenden Gesetzen" zu treffen.

[19] BVerfGE 42, 64 ff. (Leitsatz 2).

[20] Oben, § 8 II. Unzutreffend daher z. B. *Hartmann*, in: Baumbach / Lauterbach / Hartmann / Albers, § 42 ZPO, Anm. 2 B: „Das Erfordernis der Erklärung

kann aber nicht von einem stillschweigenden Verzicht des Beklagten auf die Verjährungseinrede ausgehen, wenn er gar nicht weiß, daß ihm eine solche zusteht[21].

Der Hinweis des Richters versetzt eine rechtsunkundige oder schlecht beratene Partei erst in die Lage, von ihrem Einrederecht Gebrauch machen zu können, und verhindert, daß der dargelegte Gesetzeszweck aus Unkenntnis der Partei vereitelt wird. Die in dem gerichtlichen Hinweis liegende Begünstigung[22] des Beklagten entspricht damit gerade dem Recht und kann deshalb das Gericht nicht dem Verdacht aussetzen, den Parteien nicht unvoreingenommen und neutral gegenüberzustehen. Parteilich verhält sich zwar ein Richter, wenn er eine Partei entgegen den Geboten des Rechts begünstigt; sie den Geboten des Rechts entsprechend zu begünstigen, kann dagegen dem Richter nicht als Parteilichkeit vorgeworfen werden[23].

Die Grenze der Parteilichkeit und damit der Befangenheit wird deshalb erst dann überschritten, wenn die Tätigkeit des Gerichts sich nicht darin erschöpft, auf die möglicherweise vorliegende Verjährung hinzuweisen, sondern wenn das Gericht über aufklärende Hinweise hinaus versucht, eine Partei zur Erhebung der Verjährungseinrede zu veranlassen[24]. Eine solche Anregung läßt sich nicht mehr mit dem Gesetzeszweck rechtfertigen, der dem Erfordernis, die Einrede geltend zu machen, zugrunde liegt; sie verletzt das Gebot, unparteiisch zu verhandeln.

---

dieser Einrede ist ... gerade nicht zugunsten des Einredeberechtigten, sondern zugunsten des Einredegegners geschaffen: Das Gericht soll die Verjährung eben nicht von Amts wegen beachten, sondern zugunsten des Gegners abwarten, ob der Einredeberechtigte die Einrede erhebt."

[21] *Wacke / Seelig*, NJW 1980, 1170; *E. Schneider*, MDR 1979, 974 (975).

[22] *Rogge*, DRiZ 1978, 266 (267) weist zutreffend darauf hin, daß Prozeßhilfe, und zwar letztlich ebenfalls möglicherweise prozeßentscheidender Art, auch das Hinwirken auf die Stellung des richtigen Antrags und der Hinweis auf entscheidungserhebliche Gesichtspunkte ist; *E. Schneider*, MDR 1979, 974 (975) betont, daß jeder richterliche Hinweis zwangsläufig die Prozeßchancen verändert.

[23] *Deubner*, in: Festschrift für Schiedermair, 1976, S. 79 (86); *E. Schneider*, MDR 1979, 974 (975 f.); *Wacke / Seelig*, NJW 1980, 1170; *Seelig*, S. 109.

[24] So *E. Schneider*, MDR 1979, 974 (977); LG Braunschweig, NdsRpfl. 1979, 146 f.; LG Frankfurt, MDR 1980, 145; *Wassermann*, S. 119; *Bender / Belz / Wax*, S. 8. Der — entscheidungserhebliche — Unterschied zwischen einem bloßen Hinweis auf die Einredemöglichkeit und der Anregung der Einrede wird im Rahmen der Diskussion häufig übersehen, z. B. von *Prütting*, NJW 1980, 361 (364 f.), oder nicht klar herausgestellt, z. B. vom OLG Köln, MDR 1979, 1027. Vgl. zu dieser Differenzierung (bei einer in Betracht kommenden Klagerücknahme) auch *Ernst*, S. 214 ff.

Literaturverzeichnis

Achterberg, Norbert: Allgemeines Verwaltungsrecht, Heidelberg 1982

Bachof, Otto: Die Rechtsprechung des Bundesverwaltungsgerichts, JZ 1966, 302 ff.

— Über öffentliches Recht, in: Verwaltungsrecht zwischen Freiheit, Teilhabe und Bindung, Festgabe aus Anlaß des 25jährigen Bestehens des Bundesverwaltungsgerichts, München 1978, S. 1 ff.

Bank: Muß die Verwaltung gegenüber vermögensrechtlichen Ansprüchen von der Einrede der Verjährung Gebrauch machen?, RVerwBl. 55 (1934), 536 f.

Baumbach, Adolf / *Lauterbach*, Wolfgang / *Albers*, Jan / *Hartmann*, Peter: Zivilprozeßordnung, Kommentar, 42. Auflage, München 1984

Baur, Fritz: Ersatzvornahme und Geschäftsführung ohne Auftrag, DVBl. 1965, 893 ff.

— Richterliche Hinweispflicht und Untersuchungsgrundsatz, in: Rechtsschutz im Sozialrecht, Beiträge zum ersten Jahrzehnt der Rechtsprechung des Bundessozialgerichts, Köln u. a. 1965, S. 35 ff.

Bender, Rolf / *Belz*, August / *Wax*, Peter: Das Verfahren nach der Vereinfachungsnovelle und vor dem Familiengericht, München 1977

Bettermann, Karl August: Zuständigkeitsfragen in der Rechtsprechung des Bundesverwaltungsgerichts zum Verwaltungsverfahrensrecht, in: Verwaltungsrecht zwischen Freiheit, Teilhabe und Bindung, Festgabe aus Anlaß des 25jährigen Bestehens des Bundesverwaltungsgerichts, München 1978, S. 61 ff.

BGB-RGRK: Das Bürgerliche Gesetzbuch, Kommentar, 12. Auflage, Band I, §§ 1 - 240, Berlin u. a. 1982

Bull, Hans Peter: Allgemeines Verwaltungsrecht, Königstein/Ts. 1982

Czerweny, Peter Karl: Die Verjährung im Steuerrecht, Diss. jur. München 1973

Deubner, Karl G.: Gedanken zur richterlichen Aufklärungs- und Hinweispflicht, in: Festschrift für Gerhard Schiedermair, München 1976, S. 79 ff.

Dietlein, Max: Verjährungsunterbrechung durch Verwaltungsakt, DÖV 1967, 804 ff.

Dörr, Dieter: Die Verjährung vermögensrechtlicher Ansprüche im öffentlichen Recht, DÖV 1984, 12 ff.

Eichler, Friedrich: Unterhaltssicherungsgesetz, Kommentar, Loseblatt, Stand 1982, Percha

Enneccerus, Ludwig / *Nipperdey*, Hans Carl: Allgemeiner Teil des Bürgerlichen Rechts, Bd. 1, 15. Auflage, Tübingen 1959/60

Erdsiek: Die Verjährungseinrede, NJW 1959, 471 f.

Erichsen, Hans-Uwe: Allgemeine Rechtsgrundsätze, Gleichheitssatz und Übermaßverbot beim Härtefall, Verw.Arch. 65 (1974), 423 ff.

Erichsen, Hans-Uwe / *Martens*, Wolfgang (Hrsg.): Allgemeines Verwaltungsrecht, 6. Auflage, Berlin u. a. 1983

Erman, Walter: Handkommentar zum Bürgerlichen Gesetzbuch, 7. Auflage, Münster 1981

Ernst, Manfred: Die Ablehnung eines Richters wegen der Besorgnis der Befangenheit gemäß § 42 ZPO unter besonderer Berücksichtigung der Rechtsprechung der Sozialgerichtsbarkeit, Diss. jur. Kiel 1974

Eyermann, Erich / *Fröhler*, Ludwig: Verwaltungsgerichtsordnung, Kommentar, 8. Auflage, München 1980

Fick, Dieter: Die Verjährung nach der AO 1977, KStZ 1979, 122 ff.

Fleiner, Fritz: Institutionen des Deutschen Verwaltungsrechts, 8. Auflage, Tübingen 1928

Forsthoff, Ernst: Lehrbuch des Verwaltungsrechts, 10. Auflage, München 1973

Fürst, Walter / *Finger*, Hans Joachim / *Mühl*, Otto / *Niedermaier*, Franz: Beamtenrecht des Bundes und der Länder, Kommentar, Loseblatt, Berlin 1973 ff.

v. Gehe: Zur Frage der Anwendung der sog. Privatrechtstitel im öffentlichen Rechte, Fischers Zeitschrift für Praxis und Gesetzgebung der Verwaltung, 34 (1908), 134 ff.

Götz, Volkmar: Verzinsung öffentlich-rechtlicher Geldforderungen, DVBl. 1961, 433 ff.

Grüner, Hans: Sozialgesetzbuch, Kommentar, Loseblatt, Stand 1982, Percha

Grunsky, Wolfgang: Grundlagen des Verfahrensrechts, 2. Auflage, Bielefeld 1974

Hardt, Hans-Jürgen D.: Die allgemeinen Verwaltungsgrundsätze. Definition und Begründung ihres Rechtsnormcharakters, DÖV 1971, 685 ff.

Harnischmacher, Christoph: Der Zinsanspruch des Bürgers gegen die hoheitliche Verwaltung — zugleich ein Beitrag zur Bestimmung der Verzugsvoraussetzungen im öffentlichen Recht —, Diss. jur. Münster 1979

Hartmann, Peter: Kostengesetze, Kommentar, 21. Auflage, München 1983

Herzog, Roman / *Schick*, Walter: Allgemeines Verwaltungsrecht, 4. Auflage, München 1980

Hilden, Hartmut: Rechtstatsachen zur gerichtlichen Chancengleichheit, ZRP 1977, 41 ff.

Hübschmann, W. / *Hepp*, E. / *Spitaler*, A.: Kommentar zur Abgabenordnung (AO 1977) und Finanzgerichtsordnung, Loseblatt, Stand 1982, Köln

Hurst, Karl: Ersatzvornahme und Geschäftsführung ohne Auftrag im Polizei- und Ordnungsrecht, DVBl. 1965, 757 ff.

Husserl, Gerhart: Recht und Zeit, Frankfurt 1955

Jahr, Günther: Die Einrede des bürgerlichen Rechts, JuS 1964, 125 ff., 218 ff., 293 ff.

Jellinek, Walter: Verwaltungsrecht, 3. Auflage, Berlin 1931; Neudruck Bad Homburg v.d.H. u. a. 1966

Klein, Hans H.: „Auftrag" und „Geschäftsführung ohne Auftrag" im öffentlichen Recht, DVBl. 1968, 129 ff., 166 ff.

Knack, Hans Joachim: Verwaltungsverfahrensgesetz, 2. Auflage, Köln 1982

Knopp, Anton / *Fichtner*, Otto: Bundessozialhilfegesetz, Kommentar, München 1979

Koch, Wolfgang: Darf der Amtsrichter die Parteien auf die Einrede der Verjährung hinweisen?, NJW 1966, 1648 f.

v. Köhler, Karl-Heinz: Die Zeit als Faktor des Verwaltungsrechts, Verw.Arch. 50 (1959), 213 ff.

Kopp, Ferdinand O.: Beteiligung, Rechts- und Rechtsschutzpositionen im Verwaltungsverfahren, in: Verwaltungsrecht zwischen Freiheit, Teilhabe und Bindung, Festgabe aus Anlaß des 25jährigen Bestehens des Bundesverwaltungsgerichts, München 1978, S. 387 ff.
— Verwaltungsgerichtsordnung, 6. Auflage, München 1984
— Verwaltungsverfahrensgesetz, 3. Auflage, München 1983

Kormann, Karl: Die öffentlich-rechtliche Verjährung und Verschweigung in der Rechtsprechung des Oberverwaltungsgerichts, Pr. Verw. Bl. 33 (1911/12), 694 ff.

Koschnick, Fritz: Die Verjährung im Verwaltungsrecht, Diss. jur. Göttingen 1936

Krawietz, Werner: Juristische Entscheidung und wissenschaftliche Erkenntnis. Eine Untersuchung zum Verhältnis von dogmatischer Rechtswissenschaft und rechtswissenschaftlicher Grundlagenforschung, Wien u. a. 1978

Kropshofer, Birger: Untersuchungsgrundsatz und anwaltliche Vertretung im Verwaltungsprozeß, Berlin 1981

Kuchinke, Kurt: Die vorbereitende richterliche Sachaufklärung (Hinweispflicht) im Zivil- und Verwaltungsprozeß, JuS 1967, 295 ff.

Langheineken, Paul: Anspruch und Einrede nach dem Deutschen Bürgerlichen Gesetzbuch, Leipzig 1903

Larenz, Karl: Allgemeiner Teil des deutschen Bürgerlichen Rechts, 5. Auflage, München 1980
— Methodenlehre der Rechtswissenschaft, 5. Auflage, Berlin u. a. 1983

Lawson, Frederick H.: Zeitablauf als Rechtsproblem, AcP 159 (1960/61), 97 ff.

Löwenberg, Bernward: Die Geltendmachung von Geldforderungen im Verwaltungsrecht, Berlin 1967

Lohbeck, Karl-Otto: Die Frage der Verjährungseinrede von Körperschaften des öffentlichen Rechts, NJW 1965, 1575

Maas, Heinrich: Die Verjährung im öffentlichen Rechte, Diss. jur. Kiel 1932

Mayer, Otto: Deutsches Verwaltungsrecht, Erster Band, 3. Auflage, München u. a. 1924

Meier-Branecke, H.: Die Anwendbarkeit privatrechtlicher Normen im Verwaltungsrecht, AöR N. F. 11 (1926), 230 ff.

Menger, Christian-Friedrich: System des verwaltungsgerichtlichen Rechtsschutzes, Tübingen 1954

— Zu den Grenzen richterlicher Rechtsfortbildung, Verw.Arch. 65 (1974) 195 ff.

— Zum Stand der Meinungen über die Unterscheidung von öffentlichem und privatem Recht, in: Fortschritte des Verwaltungsrechts, Festschrift für Hans J. Wolff, München 1973, S. 149 ff.

Mergler, Otto / *Zink*, Günther: Bundessozialhilfegesetz, Kommentar, 3. Auflage, Köln 1981

Merten, Detlef: Zur Abgrenzung von öffentlich-rechtlichen und bürgerlich-rechtlichen Streitigkeiten im Sozialversicherungsrecht, Verw.Arch. 66 (1975), 387 ff.

Mertens, Klaus: Die Kostentragung bei der Ersatzvornahme im Verwaltungsrecht, Berlin 1976

Meyer, Hans / *Borgs-Maciejewski*, Hermann: Verwaltungsverfahrensgesetz, Kommentar, 2. Auflage, Frankfurt 1982

Meyer-Ladewig, Jens: Sozialgerichtsgesetz, 2. Auflage, München 1981

Münchener Kommentar: Kommentar zum Bürgerlichen Gesetzbuch, Bd. 1, Allgemeiner Teil, München 1978

Mugdan, B.: Die gesamten Materialien zum Bürgerlichen Gesetzbuch, I. Band, Berlin 1899

v. Mutius, Albert: Rückforderung überzahlter Beamtenbezüge — zu Voraussetzungen und Umfang des öffentlich-rechtlichen Erstattungsanspruchs —, Verw.Arch. 71 (1980), 413 ff.

Nebinger, Robert: Verwaltungsrecht, Allgemeiner Teil, Stuttgart 1946

Palandt, Otto: Bürgerliches Gesetzbuch, 41. Auflage, München 1982

Peters, Frank: Vergleichsverhandlungen und Verjährung, NJW 1982, 1857 f.

Peters, Horst: Sozialgesetzbuch, Allgemeiner Teil, Loseblattkommentar, Stand 1983, Stuttgart u. a.

Peters, H. / *Sautter*, Th. / *Wolff*, R.: Kommentar zur Sozialgerichtsbarkeit, 4. Auflage, 36. Nachtrag, Stuttgart u. a.

Prütting, Hanns: Die Grundlagen des Zivilprozesses im Wandel der Gesetzgebung, NJW 1980, 361 ff.

Redeker, Konrad: Legitimation und Grenzen richterlicher Rechtsetzung, NJW 1972, 409 ff.

— Verwaltungsrecht und Anwaltschaft, NVwZ 1982, 1 ff.

Redeker, Konrad / *v. Oertzen*, Hans-Joachim: Verwaltungsgerichtsordnung, Kommentar, 7. Auflage, Stuttgart u. a. 1981

Reuß, Hermann: Das Bundesverwaltungsgericht und das ehemalige Preußische Oberverwaltungsgericht als Revisionsinstanzen, in: Verwaltungsrecht zwischen Freiheit, Teilhabe und Bindung, Festgabe aus Anlaß des 25jährigen Bestehens des Bundesverwaltungsgerichts, München 1978, S. 527 ff.

Rogge, Dirk: Der Kommentar, DRiZ 1978, 266 f.

Rosenberg, Leo / *Schwab*, Karl Heinz: Zivilprozeßrecht, 13. Auflage, München 1981

Rupp, Hans Heinrich: Formenfreiheit der Verwaltung und Rechtsschutz, in: Verwaltungsrecht zwischen Freiheit, Teilhabe und Bindung, Festgabe aus Anlaß des 25jährigen Bestehens des Bundesverwaltungsgerichts, München 1978, S. 539 ff.

Rutz, Ottmar: Die Wesensverschiedenheit von Verjährung und gesetzlicher Befristung, AcP 101 (1907), 435 ff.

Schack, Friedrich: Die Verjährung im öffentlichen Recht, BB 1954, 1037 ff.

Schellhammer, Kurt: Zivilprozeß, Heidelberg 1982

Schmalz, Dieter: Allgemeines Verwaltungsrecht, 2. Auflage, Köln u. a. 1981

Schneider, Egon: Befangenheit des auf den Verjährungsablauf hinweisenden Richters?, MDR 1979, 974 ff.
— Urteilsanmerkung (zu LG Darmstadt, MDR 1982, 236), MDR 1982, 236 f.

Schroeder-Printzen, Günther (Hrsg.): Sozialgesetzbuch, Verwaltungsverfahren — SGB X —, Kommentar, München 1981

Schütz, Erwin: Beamtenrecht des Bundes und der Länder, Kommentar, Loseblatt, Stand: 1984, Hamburg

Schultzenstein, M.: Verjährung sowie Fristen und Verwaltungsstreitverfahren, Verw.Arch. 17 (1909), 1 ff.

Seelig, Horst: Die prozessuale Behandlung materiellrechtlicher Einreden — heute und einst —, Köln u. a. 1980

Sendler, Horst: Anwendung allgemeiner Vorschriften des BGB im Verwaltungsverfahren, NJW 1964, 2137 ff.

Simons, Lothar: Leistungsstörungen verwaltungsrechtlicher Schuldverhältnisse, Berlin 1967

Soergel, Th. / *Siebert*, W.: Bürgerliches Gesetzbuch, 11. Auflage, Allgemeiner Teil, Stuttgart u. a. 1978

Spiro, Karl: Die Begrenzung privater Rechte durch Verjährungs-, Verwirkungs- und Fatalfristen, Bern 1975

v. Staudinger, J.: Kommentar zum Bürgerlichen Gesetzbuch, 12. Auflage, Allgemeiner Teil, Berlin 1980

Stein, Friedrich / *Jonas*, Martin: Kommentar zur Zivilprozeßordnung, 20. Auflage, Tübingen 1977 ff.

Stelkens, Paul / *Bonk*, Heinz J. / *Leonhardt*, Klaus: Verwaltungsverfahrensgesetz, Kommentar, 2. Auflage, München 1983

Stemmler, Christian: Befangenheit im Richteramt, Diss. jur. Tübingen 1974

Stern, Klaus: „Öffentliches Recht", in: EStL, Hrsg. Kunst, Hermann / Herzog, Roman / Schneemelcher, Wilhelm, 2. Auflage, Stuttgart u. a. 1975, Sp. 1656 ff.

Stich, Rudolf: Die Verwirkung im Verwaltungsrecht, DVBl. 1959, 234 ff.

Stürner, Rolf: Die richterliche Aufklärung im Zivilprozeß, Tübingen 1982

Thomas, Heinz / *Putzo*, Hans: Zivilprozeßordnung, 12. Auflage, München 1982

Tietgen, Walter: Urteilsanmerkung (zu BVerwGE 16, 94 ff. = DVBl. 1963, 777 ff.), DVBl. 1963, 780 ff.

Tipke, Klaus / *Kruse*, Heinrich Wilhelm: Kommentar zur Abgabenordnung und Finanzgerichtsordnung, Loseblatt, Stand 1982, Köln

v. Tuhr, Andreas: Der Allgemeine Teil des Deutschen Bürgerlichen Rechts, Erster Band, Leipzig 1910 sowie Zweiter Band, Zweite Hälfte, München u. a. 1918

Ule, Carl-Hermann: Verwaltungsprozeßrecht, 8. Auflage, München 1983

Ule, Carl-Hermann / *Laubinger*, Hans-Werner: Verwaltungsverfahrensrecht, 2. Auflage, Köln u. a. 1979

Vogel, Klaus: Der Verwaltungsrechtsfall, 8. Auflage, München 1980

Wacke, Andreas / *Seelig*, Horst: Urteilsanmerkung (zu OLG Bremen, NJW 1979, 2215), NJW 1980, 1170 f.

Wallerath, Maximilian: Allgemeines Verwaltungsrecht, 2. Auflage, Siegburg 1983

Wank, Rolf: Grenzen richterlicher Rechtsfortbildung, Berlin 1978

Wassermann, Rudolf: Der soziale Zivilprozeß, Neuwied u. a. 1978

Weinrebe, Erich: Wirkung der zivilrechtlichen Einrede im Prozeß, Diss. jur. Rostock 1928

Wittern, Andreas: Grundriß des Verwaltungsrechts, 14. Auflage, Köln 1981

Wolff, Hans J.: Der Unterschied zwischen öffentlichem und privatem Recht, AöR 76 (1950), 205 ff.

Wolff, Hans-J. / *Bachof*, Otto: Verwaltungsrecht I, 9. Auflage, München 1974

Zöller, Richard: Kommentar zur Zivilprozeßordnung, 13. Auflage, Köln 1981

Zuleeg, Manfred: Die Anwendungsbereiche des öffentlichen Rechts und des Privatrechts, Verw.Arch. 73 (1982), 384 ff.

Zweifel, Fritz: Zeitablauf als Untergangsgrund öffentlich-rechtlicher Ansprüche, Basel 1960

MIX
Papier aus verantwortungsvollen Quellen
Paper from responsible sources
FSC® C105338

Printed by Libri Plureos GmbH
in Hamburg, Germany